Thomas Alber

Carlo Acutis

Missionar im Internet

Über den Autor

Thomas Alber, Jahrgang 1957, ist in Friedrichshafen am Bodensee aufgewachsen. Nach seinem Studium zum Dipl. Verwaltungswirt (FH) arbeitete er bis zu seiner Pensionierung bei mehreren Behörden. Jahrzehnte war er mit digitalen Bildvorträgen mit vorwiegend religiösem Inhalt in Baden-Württemberg, Bayern und Vorarlberg unterwegs. Er ist außerdem Autor von mehreren Büchern im Fe-Medienverlag.

8. aktualisierte Auflage 2025

Hauptstr. 22, D-88353 Kißlegg
www.fe-medien.de

ISBN 978-3-86357-289-1

Coverfoto: Familienfoto Acutis
Gestaltung und Satz: Renate Geisler
Umschlagrückseite: Bischöfliches Ordinariat Passau

Druck: Orthdruk, Polen

Printed in EU

Thomas Alber

Carlo Acutis

Missionar im Internet

fe

Dein Weg zur Heiligkeit

von Carlo Acutis

1. Du musst die Heiligkeit aus ganzem Herzen wünschen, und wenn diese Sehnsucht noch nicht in Deinem Herzen erwacht ist, musst Du den Herrn inständig darum bitten.
2. Gehe täglich zur heiligen Messe und empfange die heilige Kommunion.
3. Denke daran, jeden Tag den Rosenkranz zu beten.
4. Lies jeden Tag einen Abschnitt aus der Hl. Schrift.
5. Wenn es möglich ist, halte einige Momente eucharistische Anbetung vor dem Altar, wo Jesus wirklich gegenwärtig ist. Du siehst, wie wunderbar Du in der Heiligkeit wachsen kannst.
6. Versuche, jede Woche zur Beichte zu gehen, auch wenn Du nur lässliche Sünden hast.
7. Lege Fürbitte ein und schenke Opfer und gute Taten dem Herrn und Maria, um anderen zu helfen.
8. Bitte Deinen hl. Schutzengel, Dir beständig zu helfen; er soll Dein bester Freund werden.

Inhaltsverzeichnis

Vorwort

„Adieu“ (was übersetzt bedeutet: „zu Gott“) rief ein junges Mädchen kurz vor ihrem Unfalltod. Auf ihrem Terminkalender hatte sie ein Bild mit dem Wort „Ewigkeit“. Ihr Kalender war so gefüllt, wie der eines vielbeschäftigten Managers. Bei der Vorbereitung zur Beerdigung durfte ich diesen Kalender sehen. Ich hatte den Eindruck, dass sie wirklich die Zeit nutzen und nichts verbummeln wollte. Das Ziel vor Augen dem Herrn entgegen!

Carlo Acutis wollte seine Zeit auch nicht verplempern. Er hatte keine Langeweile und ein klares Ziel vor Augen, so stürmte er vorwärts. Sport, Gebet, Computer, sich um andere kümmern, Bibel lesen, hl. Messe, anderen aus der Patsche helfen, missionieren, Tiere, usw. usw. Vielfältiger geht es nicht. Er übte ein, sein Leben zu verschenken. Ganz wie er es im täglichen Messopfer erlebt hatte. Am Ende gab sich der Fünfzehnjährige und seine Krankheit als Opfer für Kirche und Papst.

Ein ungewöhnlicher Junge, der aufhorchen lässt. Es nützt aber wenig, wenn man „Ah“ und „Oh“ ausruft und diesen Apostel des Internets bejubelt, aber sich nicht von ihm inspirieren lässt. Acht Punkte bestimmen sein kurzes Leben. Wenn jeder Leser davon zwei oder drei in seinem Leben umsetzt, wird sich die Kirche erneuern.

Das Buch von Thomas Alber lässt einen die Freude an der Eucharistie „verschmecken“, aus der Carlo Acutis gelebt hat. Dem Verlag und dem Autor ist es zu verdanken und zu wünschen, dass dieser junge Heilige im deutschsprachigen Raum noch bekannter wird und Nachahmer findet.

Das Lebensopfer des jungen Carlo ist ein guter Wegweiser, sich Ziele zu setzen und das eine große Ziel am Ende des Lebens nicht aus den Augen zu verlieren. Die Eucharistie war für Carlo Acutis, wie er selbst es ausdrückte, die „Autobahn in den Himmel“ und er wunderte sich, dass es vor Rockkonzerten lange Warteschlangen gab, nicht aber vor den Tabernakeln der Kirchen. Die Liebe zur eucharistischen Anbetung drängte ihn. Es ist zu wünschen, dass sich die Leser davon anstecken lassen, so dass vor den Tabernakeln dieser Welt lange Schlangen stehen und auf der „Autobahn zum Himmel“ geradezu ein Dauerstau entsteht.

In diesem Sinne „Adieu“!

P. Hubertus Freyberg

Einführung

Mein kleines Buch trägt den Untertitel „Missionar im Internet". Trotz seines kurzen Lebens war Carlo Acutis in großer Mission unterwegs. Er hat Ernst gemacht mit dem Missionsauftrag Jesu Christi, der keine bloße Einladung darstellt, sondern dem der verbindliche und fordernde Charakter geradezu auf die Stirn geschrieben steht:

„Darum geht und macht alle Völker zu meinen Jüngern; tauft sie auf den Namen des Vaters und des Sohnes und des Heiligen Geistes und lehrt sie, alles zu befolgen, was ich euch geboten habe. Und siehe, ich bin mit euch alle Tage bis zum Ende der Welt." (Mt 28,19-20)

So durchzieht denn auch der Gedanke der Missionierung das Pontifikat von Papst Franziskus wie ein roter Faden. Kaum eine Woche vergeht, ohne dass er dieses Thema konkret anspricht.

Mit Carlo Acutis hat ein Teenager der Weltöffentlichkeit gezeigt, wie in heutiger Zeit Missionierung und ein Totaleinsatz für das Reich Gottes aussehen können. Sein Beispiel darf nicht nur ganz jungen Menschen, sondern muss namentlich auch Erwachsenen Ansporn sein.

Ich habe den Inhalt dieses Buches ganz bewusst auf das Wesentliche beschränkt. Zum einen liefern 15 Lebensjahre nicht Stoff für ein umfangreiches Werk und zum anderen ließ ich mich von der Erfahrung leiten, dass in unserer schnelllebigen Zeit eher ein kurz und komprimiert gehaltenes Buch aufmerksame Leserinnen und Leser findet.

Aufrichtigen Dank habe ich all jenen guten Menschen zu sagen, die mir in irgendeiner Weise bei der Entstehung dieses Buches geholfen haben, sei es aus Italien, der Schweiz, Spanien, Österreich, Kolumbien oder aus Deutschland.

In diesen Dank möchte ich auch S. E. Erzbischof em. Dr. Karl Braun einschließen, der gegenüber dem Verlag die Anregung für dieses Buch gab.

Friedrichshafen, im April 2025

Thomas Alber

1 Kindheit in London und Mailand

Die Freude der Familie Acutis war groß, als mit Carlo am 3. Mai 1991 ihr erstes Kind in der Portland Clinic in London mit einer Zangengeburt zur Welt kam. 3.500 Gramm wog der neue Erdenbürger.

Abb. 1: Portland Clinic in London

Am 18. Mai 1991 wurde er im Beisein der Eltern und Verwandten in der Kirche „Our Lady of Dolours“ in London getauft. Taufpaten waren sein Großvater väterlicherseits und seine Großmutter mütterlicherseits.

Abb. 2: Innenansicht der Kirche „Our Lady of Dolours“ in London

Abb. 3: Außenansicht der Kirche

Abb. 4: Am Tag der Taufe auf den Armen der stolzen Urgroßmutter

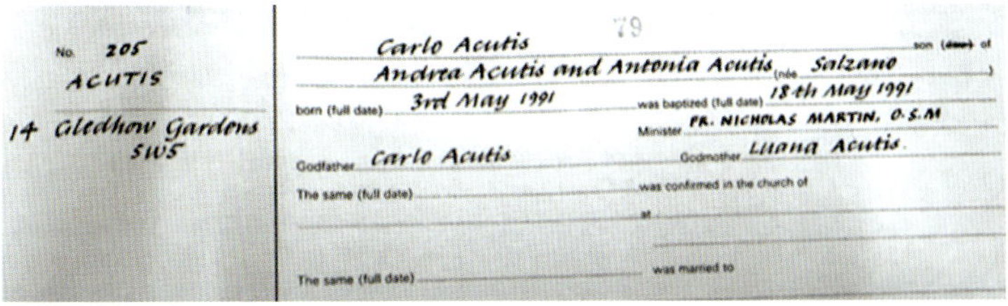
No. 205
ACUTIS
14 Gledhow Gardens
SW5

79

Carlo Acutis son (dau) of
Andrea Acutis and Antonia Acutis (née Salzano)
born (full date) 3rd May 1991 was baptized (full date) 18th May 1991
Minister FR. NICHOLAS MARTIN, O.S.M
Godfather Carlo Acutis Godmother Luana Acutis.
The same (full date) was confirmed in the church of
at
The same (full date) was married to

Abb. 5: Auszug aus dem Taufregister der Kirchengemeinde „Our Lady of Dolours", London

Es hatte seinen Grund, warum Carlo ausgerechnet in der britischen Hauptstadt zur Welt kam und dort getauft wurde. Die Eltern mussten aus beruflichen Gründen eine Zeit lang in London Aufenthalt nehmen. Sein Vater hatte Volkswirtschaft studiert und die Mutter Betriebswirtschaft.

Im September 1991 kehrten die Acutis nach Mailand zurück. Die Familie durfte durchaus als wohlhabend bezeichnet werden. In finanzieller Hinsicht traf Carlo also auf außerordentlich gute Startbedingungen, die ihm bei normalem Verlauf ein Leben in Wohlstand ermöglicht hätten. Aber es kam anders, ganz anders! Noch ahnten die Eltern nicht, dass ihnen von Gott ein außergewöhnliches Kind geschenkt wurde.

Abb. 6: Carlo als kleines Kind

Als er drei Jahre alt war, besuchte er den städtischen Kindergarten des Parco Pagani in Mailand.

In Bezug auf seine religiöse Erziehung schien der Boden bei seinen Eltern anfangs nicht gerade besonders fruchtbar gewesen zu sein. Was nämlich deren Religiosität anbelangt, gestand seine Mutter, Antonia Salzano, offen ein:

„Ich war nur bei meiner Erstkommunion, Firmung und Heirat in der Messe.“[1]

Auch sein Vater Andrea konnte damals nicht unbedingt als eifriger Kirchgänger bezeichnet werden.

Aber es gab im Haushalt der Familie eine andere Person, die auf den kleinen Carlo eine religiöse Einflussnahme ausübte, nämlich das damals noch sehr junge Kindermädchen Beata aus Polen, das von 1992 bis 1996 im Haushalt der Acutis beschäftigt war.

Sie war eine Verehrerin von Papst Johannes Paul II. und aus ihrem Heimatland tief religiös geprägt. Wie der Postulator der Seligsprechung, Nicola Gori, in einem Interview mit Kathpress sagte, habe Beata „den ersten Samen des Glaubens“ gelegt und dort „äußerst fruchtbaren Boden“ gefunden.[2] Von ihr lernte Carlo das Beten und auch die Grundzüge des katholischen Glaubens.

Das polnische Kindermädchen hat sich unbestritten große Verdienste um die religiöse Bildung von Carlo erworben, aber dennoch vermag ihr segensreiches Wirken das „Phänomen Acutis“ nicht vollständig zu erklären.

Seine Mutter wundert sich jedenfalls bis heute:

„Es ist ein Rätsel. Bereits im Alter von 3 oder 4 Jahren war er so talentiert, intelligent und stellte so tiefe Fragen, dass ich den Wunsch verspürte, meinen eigenen Glauben zu vertiefen. Ich kann sagen, dass Carlo mein kleiner Retter war, weil ich dank ihm Gott näher gekommen bin."[3]

Irgendwie begann sie zu ahnen, dass es kein gewöhnliches Kind war, das sie da zur Welt gebracht hatte. Schon damals deutete einiges darauf hin, dass Gott mit diesem Jungen besondere Pläne hatte.

Auffällig war auch, dass Carlo bereits mit vier Jahren jedes Mal, wenn sie in Mailand an einer Kirche vorbeikamen, sagte:

„Mama, lass uns doch reingehen, um Jesus zu begrüßen und ein Gebet zu sprechen."[4]

Abb. 7: Die Heimatpfarrei von Carlo Acutis:
Santa Maria Segreta in Mailand

Carlo hörte nicht auf, Fragen zu stellen. So langsam sah sich die Mutter veranlasst, in ihrem eigenen Leben etwas zu verändern:

„Aber dieser kleine ‚Quälgeist' stellte mir so viele tiefe Fragen, die ich nicht beantworten konnte … Er war so klein, aber sich doch so sicher. Mir wurde klar, dass es seine Sache war, aber auch mich anging. So begann ich, mich dem Glauben wieder anzunähern."[5]

So ging sie wieder mehr in die hl. Messe und besuchte die Theologische Fakultät von Norditalien[6], um sich ein Wissen über den katholischen Glauben anzueignen, denn anders waren die vielen Fragen ihres kleinen Sohnes nicht zu beantworten.

Nach seiner Zeit im Kindergarten besuchte Carlo 1997 zunächst die Privatschule „Istituto San Carlo" in Mailand. Das war allerdings nur ein dreimonatiges Intermezzo, denn

Abb. 8: Schule der Marcellus-Schwestern an der Piazza Tommaseo in Mailand

daran schloss sich ein Wechsel auf die Schule der Marcellus-Schwestern an, die an der Piazza Tommaseo liegt. Sie konnte er 2005 mit guten Noten abschließen.

2005 folgte das Gymnasium „Istituto Leone XIII", das in der Trägerschaft der Jesuiten steht.

Abb. 9: Außenansicht des Gymnasiums „Istituto Leone XIII"

Es war auch während der Schulzeit nicht nur die Freundschaft zu Jesus und das Lesen in der Bibel, was seiner Mutter auffiel, sondern vor allem eine tiefgehende Liebe und Ehrfurcht ihres Sohnes gegenüber der Eucharistie.

2 Seine unerschöpfliche Kraftquelle – die Eucharistie

Es ist an diesem Punkt unerlässlich, einen Exkurs zum Sakrament der Eucharistie zu unternehmen, aber nur in dem Umfang, wie es für ein Verständnis des Handelns von Carlo Acutis notwendig ist.

Die Eucharistie ist Quelle und Höhepunkt des ganzen christlichen Lebens.[1] Man kann sie durchaus als die „Königin" der sieben Sakramente bezeichnen. Alle übrigen Sakramente sind auf sie hingeordnet.[2]

Um es gleich vorwegzunehmen, wir können vieles vom Wesen und Inhalt der Eucharistie mit unserem menschlichen Verstand nicht begreifen. Wir finden in ihr Naturgesetze teilweise außer Kraft gesetzt und müssen uns von unseren irdischen Vorstellungen von Raum und Zeit lösen. Und so bleibt die Eucharistie letztendlich bis zum Ende der Welt ein tiefes Geheimnis Gottes, das wir nur dankbar im Glauben annehmen und verstehen können.

Jesus hat dieses Sakrament am Vorabend des Karfreitags, also am Gründonnerstag, eingesetzt.

In Jerusalem herrschte zu jener Zeit reges Treiben. Das Paschafest stand bevor. Dieses Fest erinnert an den Auszug der Israeliten aus Ägypten, wo sie als Sklaven in der Gefangenschaft lebten. Der Pharao ließ die Israeliten aber nicht ohne weiteres ziehen. Erst als Gott in einer Nacht durch einen Engel jede Erstgeburt bei den Menschen und beim Vieh töten ließ, gab der Pharao der Bitte von Mose nach. Lediglich die jüdischen Familien wurden vom Engel Gottes verschont. So wurde vor der Strafaktion von jeder jüdischen Familie ein Lamm geschlachtet und die Türpfosten mit dessen Blut bestrichen. An diesen Türen ging der Engel Gottes vorüber. Aus Dankbarkeit für die Errettung feiern die Juden jedes Jahr das Paschafest.

Abb. 10: Der Auszug der Israeliten aus Ägypten. David Roberts. 1830. Birmingham Museum and Art Gallery Birmingham.

Auch Jesus wollte mit seinen Jüngern das Paschafest feiern. Und so schickte er Petrus und Johannes in die Stadt, um das Paschamahl vorzubereiten.

Der Raum, in dem dieses Mahl stattfand, lag nach der Überlieferung in einem Gebäude auf dem Zionsberg. Er trägt heute den Namen Abendmahlsaal und wer Jerusalem

Abb. 11: Abendmahlsaal in Jerusalem

besucht, kann ihn auch besichtigen. Er gehört praktisch zum Pflichtprogramm einer Israelreise.

Jesus freute sich sehnsüchtig auf das gemeinsame Paschamahl mit seinen Jüngern. Dennoch dürfte die Stimmung eher gedrückt gewesen sein. Zum einen wusste Jesus, welches Leiden ihm bevorstand, und zum anderen zeigte sich während des Mahles auch, dass sich ein Verräter unter ihnen befand, Judas Iskariot.

Seltsam dürften die Worte Jesu auf die Jünger gewirkt haben, als er nach dem Brechen des Brotes die Wandlungsworte sprach, die wir uns an dieser Stelle nochmals vor Augen halten:

„Und er nahm Brot, sprach das Dankgebet, brach es und reichte es ihnen mit den Worten: Das ist mein Leib, der für euch hingegeben wird. Tut dies zu meinem Gedächtnis! Ebenso nahm er nach dem Mahl den Kelch und sagte: Dieser Kelch ist der Neue Bund in meinem Blut, das für euch vergossen wird." (Lk 22,19-20; s. auch Mt 26,26 und 1 Kor 11,24)

Abb. 12: Das Letzte Abendmahl. Vicente Juan Masip. Etwa 1562. Museo del Prado.

Ohne sich dessen bewusst zu sein, feierten die Jünger im Abendmahlsaal ihre Erstkommunion. Es war die erste Eucharistiefeier in der Geschichte.

Aus der Apostelgeschichte wissen wir, dass die Urgemeinde an den Lehren der Apostel und an der Gemeinschaft, am Brechen des Brotes und an den Gebeten festhielt (Apg 2,42). Im „Brechen des Brotes" ist die Eucharistie angedeutet.[3]

Die Worte „Tut dies zu meinem Gedächtnis!... Tut dies, sooft ihr daraus trinkt, zu meinem Gedächtnis!" (1 Kor

11,24-25; vgl. Lk 22,19), beinhalten auch eine Beauftragung zur Feier der Eucharistie bis zur Wiederkunft Jesu Christi. Und im Wesentlichen feiern wir Eucharistie auch nach zweitausend Jahren immer noch so wie die ersten Christen.

Nun wird es schwierig! Essen bzw. trinken wir bei der Kommunion wirklich den Leib bzw. das Blut Christi oder ist das nur symbolisch zu verstehen? Die katholische Kirche hat zu allen Zeiten gelehrt, dass es sich wirklich um den Leib und das Blut Jesu Christi handelt. Sie spricht von der Wesensverwandlung, von der sog. Transsubstantiation. Mit unseren Sinnen nehmen wir zwar weiterhin Brot und Wein wahr, aber in Wirklichkeit haben sich das Brot (Hostie) ganz zum Leib und der Wein vollständig zum Blut Christi verwandelt. Mit dem menschlichen Verstand lässt sich das nicht begreifen, sondern nur aus dem Glauben heraus. Die Kirche lehrt dies aus einem ganz einfachen Grunde, nämlich weil Jesus es so gesagt und gewollt hat.

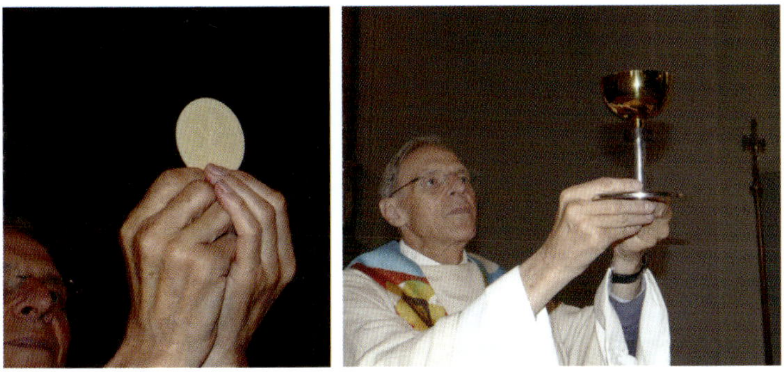

Abb. 13 und 14: Bei der Wandlung werden aus der Hostie wirklich der Leib und aus dem Wein das Blut Christi.

Der Kirchenlehrer Cyrill von Jerusalem (313-386) bringt es auf den Punkt, wenn er schreibt:

„Schau in Brot und Wein nicht nur die natürlichen Elemente an, denn der Herr hat ausdrücklich gesagt, dass sie sein Leib und sein Blut sind: Der Glaube versichert es dir, auch wenn die Sinne dir anderes einreden“.[4]

Abb. 15: Cyrill von Jerusalem

Es ist also gewaltig, was da in der Wandlung geschieht. Unter den Gestalten von Brot und Wein ist Christus ganz gegenwärtig, als wahrer Gott und wahrer Mensch. Wenn wir kommunizieren, nehmen wir demzufolge Christus als Gott und Mensch in uns auf und vereinigen uns mit ihm bzw. er mit uns. Pater Pio gab uns einen wunderschönen Vergleich für den Empfang der Kommunion:

„Durch die Kommunion werden wir eins mit Christus. Es ist wie das Zusammenflammen zweier Kerzen …“

Abb. 16: Durch die Kommunion werden wir eins mit Christus.

In Anlehnung an ein Zitat von Mutter Teresa ist noch etwas anderes bemerkenswert. Es ist verhältnismäßig einfach, die Größe und Allmacht Gottes mit unserem menschlichen Verstand zu begreifen, vor allem wenn wir einen Blick in die (un-)endlichen Weiten des Weltalls werfen. Es ist aber sehr schwer, die Demut Gottes zu begreifen. Der Sohn des lebendigen Gottes machte sich so klein, dass er in Bethlehem einer von uns wurde. Er machte sich noch kleiner, als er sich von seinen eigenen Geschöpfen am Karfreitag zur Sühne für unsere Sünden kreuzigen ließ, und seine Demut findet schließlich ihre Fortsetzung, indem er sich mit seinem Leib und seinem Blut mit seinen Geschöpfen bei der Kommunion vereinigt. Diese Demut ist nur durch eine unendliche Liebe zu uns Menschen zu erklären.

Aber die Eucharistie ist noch mehr. Jesus sagt: „Das ist mein Leib, der für euch hingegeben wird … Dieser Kelch ist der Neue Bund in meinem Blut, das für euch vergossen wird." Der Tod Jesu am Kreuz ist einmalig. Mit unseren irdischen Zeitvorstellungen gehört er der Vergangenheit an.

Für uns ist Vergangenheit etwas, was war und abgeschlossen ist, Gegenwart etwas, was ist und andauert, und Zukunft etwas, was sein wird. Auch ist für uns Golgatha in Jerusalem ein bestimmter Ort auf unserer Erde und der Altar in unserer Kirche eine ganz andere Stelle. Dieses zeitliche und räumliche Denken ist in unserem Gehirn so stark verankert, dass wir enorme Probleme haben, uns davon zu lösen.

Gott ist an Raum und Zeit nicht gebunden, sondern er ist Herr über sie und die Naturgesetze. Er lässt in der Eucharistie das aus menschlichem Verständnis heraus Vergangene zur Gegenwart werden und damit die Kreuzigung bis zu seiner Wiederkunft in jeder Eucharistiefeier Gegenwart werden. Das Kreuzigungsgeschehen und damit das Opfer gelangen durch zweitausend Jahre und über Tausende Kilometer Entfernung unsichtbar und unblutig auf sakramentale Weise auf die Altäre in unseren Kirchen. Wir sind also bei der Kreuzigung Jesu live dabei.

Abb. 17: In jeder Eucharistiefeier sind wir bei der Kreuzigung live dabei (Rundgemälde im Museum Diorama in Einsiedeln/Schweiz).

Das ist keine neue Kreuzigung, sondern immer noch die von Golgatha. Die Kirche spricht hier von einer Vergegenwärtigung. Vergangenheit und Gegenwart werden eins. Am Gründonnerstag war es übrigens etwas anders. Hier wurde auf sakramentale Weise die Zukunft (Karfreitag) zur sakramentalen Gegenwart.

Papst Johannes Paul II. schreibt zu diesem Thema:

„Die Eucharistie ist nicht nur eine Erinnerung an dieses Ereignis, sondern seine sakramentale Vergegenwärtigung. Sie ist das Kreuzesopfer, das durch die Jahrhunderte fortdauert. Diese Wahrheit kommt treffend in den Worten zum Ausdruck, mit denen das Volk im lateinischen Ritus auf den Ruf des Priesters „Geheimnis des Glaubens" antwortet: „Deinen Tod, o Herr, verkünden wir!" … Auf diese Weise wendet die Eucharistie den Menschen von heute die Versöhnung zu, die Christus ein für allemal für die Menschen aller Zeiten erworben hat. In der Tat: „Das Opfer Christi und das Opfer der Eucharistie sind ein einziges Opfer". Das sagte kraftvoll bereits der heilige Johannes Chrysostomus: „Wir opfern immer das gleiche Lamm, und nicht heute das eine und morgen ein anderes, sondern immer dasselbe. Aus diesem Grund ist das Opfer immer nur eines. […] Auch heute bringen wir jenes Opferlamm dar, das damals geopfert worden ist und das sich niemals verzehren wird."[5]

Das Paschamahl am Gründonnerstag unterscheidet sich vom Paschamahl der Juden in einem ganz entscheidenden Punkt. Es werden hier keine Lämmer geopfert, sondern Jesus Christus opfert sich mit seinem Leib und seinem Blut für uns. Er ist das „Paschalamm", das geopfert wird. Dieses Opfer dauert auf sakramentale Weise immer noch an und zwar bis zu seiner Wiederkunft jedes Mal, wenn wir Eucharistie feiern.

Das, was sich bei Carlo Acutis schon als kleines Kind zeigte, sollte sich mit zunehmendem Alter noch verstärken. Die Eucharistie wurde zum Mittelpunkt seines Lebens. Als er sieben Jahre alt war, war sein Wunsch, sich mit Jesus zu vereinigen, so groß, dass er seine Eltern bedrängte, vorzeitig seine Erstkommunion feiern zu dürfen. Normalerweise hätte er sie erst zwei Jahre später empfangen können.

Bischof Pasquale Macchi, der ehemalige Privatsekretär von Papst Paul VI., ließ ihn nach entsprechender Prüfung seiner Reife frühzeitig zur Erstkommunion zu.

Abb. 18: Pasquale Macchi (links) mit Papst Paul VI.

Er war es auch, der den Eltern einen passenden Ort empfahl: das Bernaga-Kloster bei Perego.

Am 16. Juni 1998 war es soweit. Er durfte erstmals zum Tisch des Herrn treten und sich mit Jesus, seinem großen Freund, vereinigen. Die Erinnerung an diesen großen Tag blieb ihm zeitlebens im Gedächtnis haften.

„Immer mit Jesus vereint zu sein, das ist mein Lebensweg“[6], sagte er. Bei keiner Gelegenheit war seine Vereinigung mit Jesus größer als in der Eucharistie.

Abb. 19 und 20:
Carlo am Tag seiner Erstkommunion

Ab dem Zeitpunkt seiner Erstkommunion sollte kein Tag mehr ohne den Besuch einer hl. Messe vergehen. Seine Großmutter Luana Pennino erinnerte sich:

„Wenn ich mit Carlo eine Reise unternahm, informierte er sich im Internet, wo es an diesem Ort, den wir besuchten, eine

heilige Messe gab, damit er an diesem Tag nicht ohne Messe blieb.“[7]

Carlo erhielt durch die Eucharistie eine merkwürdige Kraft. Sie wurde für ihn tragend und lebensbestimmend:

„Je häufiger wir die Eucharistie empfangen, desto mehr werden wir Jesus ähnlicher und werden schon auf dieser Erde einen Vorgeschmack des Paradieses erleben.“[8]

Den wohl schönsten und einprägsamsten Vergleich stellte Carlo an, als er formulierte:

„Die Eucharistie ist meine Autobahn zum Himmel.“[9]

Aber nicht nur in der hl. Messe ehrte er Gott, sondern er praktizierte auch die Anbetung.

Papst Franziskus mahnt uns dazu in seiner Predigt vom 5. Februar 2018 in St. Martha:

„Viele Male denke ich, dass wir es unser Volk nicht lehren, anzubeten: … Das Gebet der Anbetung, das Gebet, das uns entäußert, ohne uns zu vernichten: in der Entäußerung der Anbetung gibt es uns Adel und Größe. Und heute ergreife ich die Gelegenheit, um Euch … zu sagen: lehrt das Volk, in Stille anzubeten. Es ist notwendig, bereits jetzt das zu lernen, was wir im Himmel tun werden: anbeten.“[10]

Oft verbrachte Carlo Stunden vor dem Tabernakel im Gebet, um bei Jesus zu sein:

„Wenn wir für längere Zeit an der Sonne sind, werden wir braun. Wenn wir aber vor Jesus in der Eucharistie verweilen, dann werden wir heilig.“[11]

Abb. 21: Eucharistische Anbetung

Angesichts solcher Nähe zu Gott ist es nicht verwunderlich, wenn seine Mutter auch von mystischen Erfahrungen ihres Sohnes zu berichten wusste:

„Er hatte eine Art mystischer Erfahrung, wenn er bei der Anbetung war. Er spürte die Gegenwart Gottes in der Eucharistie und auch … der Jungfrau Maria, der Engel, des Schutzengels, von Jesus und der Armen Seelen im Fegefeuer. Es ist schwierig, dies in wenigen Worten zu beschreiben …“.[12]

Seine Mutter erinnert sich auch noch gut daran, dass Carlo sich oft gefragt habe, warum Menschen in kilometerlangen Schlangen stehen, um ein Rockkonzert zu besuchen und warum man solche Schlangen nie vor dem Allerheiligsten sehen würde. Die Menschen hätten – so Carlo weiter – keine Vorstellung davon, was ihnen hier entgehe, sonst wären die Kirchen immer brechend voll. Im Allerheiligsten offenbare sich Jesus so wahrhaftig, wie er es vor 2000 Jahren zu Lebzeiten der Apostel getan habe. Aber damals hätten die Menschen lange Reisen unternehmen müssen, um ihn zu sehen. Uns gehe es da heute besser, denn wir würden ihn in jeder Kirche finden.[13]

Carlo schaffte es, auch andere Menschen für die Eucharistie zu interessieren oder gar zu begeistern, nicht zuletzt seine Eltern.

Abb. 22: Paulusstatue auf dem Petersplatz

Er wusste aber auch, dass es wichtig war, regelmäßig zu beichten. Für ihn wurde die wöchentliche Beichte zur selbstverständlichen Praxis. Die Warnung des Apostels Paulus im 1. Korintherbrief dürfte ihm durchaus geläufig gewesen sein:

„Wer also unwürdig von dem Brot isst und aus dem Kelch des Herrn trinkt, macht sich schuldig am Leib und am Blut des Herrn. Jeder soll sich selbst prüfen; erst dann soll er von dem

Brot essen und aus dem Kelch trinken. Denn wer davon isst und trinkt, ohne den Leib zu unterscheiden, der zieht sich das Gericht zu, indem er isst und trinkt.“ (1 Kor 11,27-29)

Das Sakrament der Versöhnung ist nicht nur ein großes Geschenk, sondern es dient der Reinigung der Seele, so wie das regelmäßige Duschen und Zähneputzen der Pflege des Körpers. Carlo Acutis sagte:

„Warum sorgen sich die Menschen so sehr um die Schönheit des eigenen Körpers und vergessen darüber die Schönheit der eigenen Seele?“[14]

Immer wieder fand Carlo Acutis schöne und einprägsame Vergleiche, um seinen Mitmenschen christliche Botschaften zu vermitteln, so auch für die Beichte:

„Unsere Seele gleicht einem Heißluftballon. Birgt sie eine Todsünde, fällt die Seele auf die Erde. Die Beichte gleicht einem Feuer, die sie aufsteigen lässt. Beichtet oft! … [15]

Wie ein Heißluftballon beim Aufsteigen Ballast abwerfen muss, so muss auch die Seele für den Aufstieg in den Himmel die kleinen Gewichte loswerden, die die lässlichen Sünden darstellen.“[16]

Abb. 23: Heißluftballon beim Aufstieg

Bei Carlo Acutis finden wir eine ausgeprägte Fähigkeit zur Selbstkritik. In seinem Tagebuch hielt er auch fest, was er jeweils bei seinem Handeln noch verbessern könnte. Sein Vater schrieb dazu:

„In Carlo konnte man eine beständige und immer neue Orientierung des Willens auf das Gute bewundern. Das war möglich dank seiner Hingabe an den Herrn. Sein Geheimnis bestand im entschiedenen, stets erneuerten Willen, Gott den ersten Platz einzuräumen und darin, sich konstant der von der Kirche ausgeteilten Schätze zu bedienen: der Eucharistie und der Beichte …"[17]

Am 24. Mai 2003 empfing Carlo schließlich das Sakrament der Firmung.[18]

3 Die große Liebe zu einer Frau

Die Überschrift zu diesem Kapitel könnte die Vermutung nahelegen, dass sich Carlo Acutis unsterblich in eine Frau verliebt hätte. Nun, in gewisser Weise stimmt das auch. Aber Carlo hatte nicht etwa eine Freundin, sondern die Frau war die Muttergottes. Er sagte einmal:

„Die Jungfrau Maria ist die einzige Frau in meinem Leben."[1]

Abb. 24: Carlo Acutis

Um dieses Eingeständnis zu verstehen, müssen wir uns einige Aspekte vergegenwärtigen. Maria war nicht nur die Mutter Gottes, die Jesus als Gott und Mensch geboren hat, sondern sie begleitete ihn wie keine andere sein ganzes Leben lang und stand unter seinem Kreuz auf Golgatha, als er qualvoll zur Sühne für unsere Sünden starb. Bezeichnend für die Rolle Marias gegenüber der Menschheit sind die Worte des sterbenden Jesus am Kreuz, die der Evangelist Johannes wiedergibt:

„Als Jesus die Mutter sah und bei ihr den Jünger, den er liebte, sagte er zur Mutter: Frau, siehe, dein Sohn! Dann sagte er zu dem Jünger: Siehe, deine Mutter! Und von jener Stunde an nahm sie der Jünger zu sich." (Joh 19,25-27).

Damit hat Jesus sie zur Mutter der gesamten Menschheit gemacht. Der Einfluss der Muttergottes darf keinesfalls unterschätzt werden. Die Kirche lehrt, dass Jesus sie über alle Engel und Heiligen erhoben hat. Ihre Macht im Himmel gründet sich darauf, dass ihr Sohn keine ihrer Bitten abschlägt. Deshalb gibt es keine mächtigere Fürsprecherin als sie. Wer sie auf seiner Seite weiß, wird bei ihrem Sohn viel erreichen. Ohne die mächtige Fürsprache der Muttergottes würden wohl viele Menschen nach dem Tod das persönliche Gericht vor ihrem Sohn nicht überstehen.

Abb. 25: Jesus hat seine Mutter über alle Engel und Heiligen erhoben.

Carlo Acutis gewann schon sehr früh eine tiefe Liebe zur Muttergottes. Jeden Tag betete er den Rosenkranz, den er als die kürzeste Leiter bezeichnete, um in den Himmel aufzusteigen.

Carlo war fasziniert von den Erscheinungen der Muttergottes auf der Erde und nahm ihre Warnungen und Prophezeiungen sehr ernst. Als er Fatima besuchen durfte, empfand er eine ganz besondere Freude. Noch in seinem Todesjahr reiste er ein letztes Mal zum Gnadenort in Portugal.

Abb. 26: Carlo in Fatima

Carlo Acutis initiierte vor seinem Tod noch eine Ausstellung zu den Marienerscheinungen. Es blieben ihm aber im Wesentlichen nur noch die Idee und die Initiative hierzu vergönnt, die Ausführung oblag nach seinem Tod anderen, namentlich seiner Mutter. Und so entstand eine umfangreiche Ausstellung.

Abb. 27: Ausstellung über Marienerscheinungen in Assisi

Carlo sagte über die Erscheinungen der Muttergottes:

„Sicher können die Wunder der Jungfrau Maria während ihrer Erscheinungen auf der Erde eine große Hilfe sein, den Glauben vieler Menschen wachsen zu lassen. Und trotzdem bleiben bis heute viele davon derart unberührt.“[2]

Wie recht Carlo Acutis damit hatte, wird am besten an einer anerkannten Marienerscheinung neueren Datums deutlich, nämlich Kibeho in Ruanda. Hier erschien die Muttergottes in der Zeit vom 28. November 1981 bis 28. November 1989 drei Mädchen. Sie prophezeite in einer unbeschreiblichen Genauigkeit den dortigen Genozid, den sie mit ihren Erscheinungen zu verhindern versuchte. Die Mädchen sahen u.a. in einer Vision einen Strom voller Blut, Menschen, die einander umbrachten, und viele Leichen, die unbegraben herumlagen.

1994 kam es dann zum Genozid. Innerhalb von 100 Tagen wurden von aufgebrachten Hutus rd. 800.000 Tutsis bestialisch ermordet, und dies vor den Augen der nahezu untätig gebliebenen Weltöffentlichkeit.

Die Muttergottes rief in den bisher kirchlich anerkannten Erscheinungen unermüdlich zum Gebet, zur Umkehr und zur Buße auf.

Abb. 28: Leichen ermordeter Tutsis

Auch kirchlich anerkannte Marienerscheinungen bleiben sog. Privatoffenbarungen. Die öffentliche Offenbarung hat mit dem Tod des letzten Apostels, Johannes, ihr Ende gefunden. Bis zur Wiederkunft Jesu Christi wird es keine neue öffentliche Offenbarung mehr geben.

Die Kirche verpflichtet deshalb nicht dazu, an anerkannte Privatoffenbarungen zu glauben. Aber es empfiehlt sich dennoch, sie gläubig anzunehmen. In Ruanda hätte jedenfalls viel Blutvergießen vermieden werden können, wenn die Menschen auf die Muttergottes gehört hätten.

4 Die Heiligen und Engel im Leben von Carlo Acutis

Schon in ganz jungen Jahren begann Carlo Acutis sich für das Leben der Heiligen zu interessieren, denen er bis zu seinem Tode verbunden blieb. Im Laufe der Zeit kristallisierten sich bei ihm gewisse Lieblingsheilige heraus.

Es würde den Rahmen dieses kleinen Buches sprengen, auf alle einzugehen. Aber einer stach doch deutlich aus der Schar der Lieblingsheiligen heraus, nämlich Franz von Assisi. Er ist auch der Schutzpatron der Familie Acutis.

Franz von Assisi ist der Nationalheilige Italiens. Allenfalls Pater Pio kann mit ihm noch in der Beliebtheit mithalten.

Abb. 29: Franziskus hält die Jugend mit seinem Reichtum frei und lässt sich feiern (Szenenausschnitt aus „Franz von Assisi – Der Narr Gottes", Freilichtbühne Ötigheim).

Als Sohn reicher Eltern 1181 oder 1182 geboren, gab er sich in seiner Jugend prahlerisch und warf mit dem Geld um sich.

Durch den Krieg zwischen Assisi und der Nachbarstadt Perugia gelangte Franziskus für ein Jahr in Kriegsgefangenschaft. Während dieser Zeit wurde er schwer krank, und als er von seinem Vater freigekauft wurde, hatte sich seine innere Haltung vollkommen verändert.

Abb. 30: Franziskus gerät in Gefangenschaft (Szenenausschnitt aus „Franz von Assisi – Der Narr Gottes", Freilichtbühne Ötigheim).

Dennoch machte er sich 1204 oder 1205 noch einmal auf den Weg in den Krieg. Sein Traum eines siegreichen Ritters war noch nicht vollkommen ausgeträumt. Er wollte sich dem papsttreuen Walter III. von Brienne anschließen, der einen Kriegszug nach Apulien vorbereitete. Auf dem Weg dorthin wurde Franziskus in einem Traum von Gott aufgefordert, nicht in den Dienst eines weltlichen Ritters zu treten, sondern in den Dienst Gottes. Franziskus kehrte daraufhin zurück und suchte zunehmend die Einsamkeit.

Während einer Wallfahrt traf er in Rom auf einen Bettler und tauschte mit ihm die Kleidung, um ein Leben in „vollkommener Armut“ auszuprobieren.

Als er schließlich 1206 in San Damiano betete, vernahm er die Stimme Jesu vom Kreuz:

„Franziskus, geh und baue mein Haus wieder auf, das, wie du siehst, ganz und gar in Verfall gerät.“

Es dauerte eine gewisse Zeit, bis Franziskus diese Worte richtig zu deuten verstand. Zunächst meinte er, dass das Kirchlein San Damiano wieder instandgesetzt werden sollte. Franziskus entnahm deshalb aus dem Tuchgeschäft seines Vaters Waren, verkaufte diese, um so das Geld für die Instandsetzung zu erhalten.

Sein Vater klagte ihn schließlich beim Bischof an. Die Gerichtsverhandlung fand öffentlich auf dem Domplatz statt. Franziskus entkleidete sich vollständig auf dem Domplatz, verzichtete auf sein Erbe und sagte sich von seinem Vater los:

Abb. 31: Franziskus sagt sich von seinem Vater los (Szenenausschnitt aus „Franz von Assisi – Der Narr Gottes“, Freilichtbühne Ötigheim).

„Bis heute habe ich dich meinen Vater genannt auf dieser Erde; von nun an will ich sagen: Vater, der du bist im Himmel“.

Franziskus begriff allmählich, dass sich die Worte Jesu nicht auf ein Kirchengebäude bezogen, sondern auf die Institution als solche. Sie befand sich damals in einem erbärmlichen Zustand.

Franziskus lebte fortan einsam, arm und im Gebet. Er begann zu betteln. Zwar hielten ihn nicht wenige der Bürgerinnen und Bürger von Assisi für wahnsinnig, aber es gab auch andere, denen sein Lebensstil imponierte.

Zunächst schlossen sich ihm Bernardo di Quintavalle, ein reicher Adeliger, und Pietro Catanii, ein Rechtsgelehrter, an. Die Zahl der Brüder begann stetig zu wachsen.

Als Franziskus aus gesundheitlichen Gründen 1220 die Leitung des Ordens abgab, zog er sich immer mehr zurück. Während er 1224 auf dem Berg La Verna in seiner Einsiedelei zubrachte, erhielt er die Stigmata, die Wundmale Jesu.

Franziskus starb arm, aber er hatte ein reiches geistiges Erbe hinterlassen. Am 16. Juli 1228 wurde er von Papst Gregor IX. heiliggesprochen.

Carlo verehrte in besonderer Weise auch die Engel. Gibt es sie überhaupt? Auf der einen Seite scheint der Glaube an sie in unserer säkularisierten und scheinbar „aufgeklärten“ Welt weitgehend verloren zu sein, aber andererseits bemächtigen sich die Werbung und die Esoterik dieser himmlischen Wesen und wer über unsere Friedhöfe geht, wird teilweise ganze Heerscharen an Engelfiguren auf den Gräbern entdecken.

Die Kirche hat sich immer zur Existenz von Engeln bekannt. Vor allem das 4. Laterankonzil, und zuletzt das II. Vatikanische Konzil legen davon Zeugnis ab. Im Katechismus der Katholischen Kirche (KKK) heißt es dazu:

„Dass es geistige, körperlose Wesen gibt, die von der Heiligen Schrift für gewöhnlich Engel genannt werden, ist eine Glaubenswahrheit. Dies bezeugt die Schrift ebenso klar wie die Einmütigkeit der Überlieferung."[1]

In der Bibel werden die Engel 305 Mal genannt. Wenn wir ehrlich sind, müssen wir feststellen, dass wir über sie trotzdem nicht allzu viel wissen.

Wie wir Menschen sind auch die Engel Geschöpfe Gottes, die einen freien Willen haben. Dennoch unterscheiden sie sich von uns in einigen Punkten gravierend.

Engel sind rein geistige Wesen, sie besitzen keinen Körper. Wenn sie Menschen sichtbar werden, nehmen sie einen Scheinleib an. An Intelligenz und Willenskraft sind sie uns unbeschreiblich überlegen.

Engel sind wie unsere Seele unsterblich. Wie viele Engel es gibt, wissen wir nicht. Es sind jedenfalls unzählige. Engel sind Diener und Boten Gottes.

Wir wissen auch, dass es im Himmel eine Form von Hierarchie gibt. Nicht alle Engel haben die gleiche Stufe der Gotteserkenntnis (vgl. auch Mt 18,1-4).

Pseudo Dionysius Areopagit hat sich als erster Gedanken über die Einteilung der Engel gemacht und Thomas von Aquin hat seine Einteilung bestätigt. Danach sind in der Bibel insgesamt neun Engelchöre genannt, die wir auch im

Abb. 32: Engel sind gewaltige Wesen, die uns an Intelligenz und Willenskraft unbeschreiblich überlegen sind.

Liedgut der Kirche oft besingen, ohne uns dessen bewusst zu sein. Die Einteilung sieht drei Triaden vor, die auch in sich eine Rangfolge beinhalten:

1. Triade

- Seraphim (Jes 6,2 ff.)
- Cherubim (Gen 3,24)
- Throne (Kol 1,16)

2. Triade

- Herrschaften (Kol 1,16)
- Gewalten (Kol 1,16; Röm 8,38; Eph 3,10)
- Fürstentümer (Röm 8,38)

3. Triade

- Mächte (Eph 3,10)
- Erzengel (1 Thess 4,16)
- Engel (Schutzengel; Mt 18,10)

Am vertrautesten sind uns die Erzengel und vor allem die Schutzengel. Dass jeder Mensch einen Engel in seinem Leben beiseite gestellt bekommt, sagt uns Jesus bei seiner Begegnung mit den Kindern:

„Hütet euch davor, einen von diesen Kleinen zu verachten! Denn ich sage euch: ihre Engel im Himmel sehen stets das Angesicht meines himmlischen Vaters." (Mt 18,10)

Carlo Acutis pflegte zu seinem Schutzengel eine sehr enge Beziehung und zollte ihm auch die gebührende Verehrung. Oft verlieren wir mit dem Erwachsenwerden etwas den Kontakt zu unserem Schutzengel und handeln anstelle seiner Ratschläge und seiner Führung mit unserem freien Willen und Verstand. Bei Carlo war das anders. Wir dürfen in seinem Schutzengel durchaus seinen Lebensbegleiter und Ratgeber erkennen. Er wusste genau, dass seine Führung letztendlich unfehlbar ist, da der Engel den Willen Gottes genau kennt.

Ganz am Anfang dieses Buches wurde der Weg zur Heiligkeit mit seinen insgesamt acht Punkten beschrieben, den Carlo Acutis uns zu gehen empfahl. Im achten und letzten Punkt heißt es:

„Bitte Deinen hl. Schutzengel, Dir beständig zu helfen; er soll Dein bester Freund werden.“

Jedenfalls dürfte der Schutzengel von Carlo Acutis einen großen Anteil daran haben, dass Carlo selbst einen so hohen Grad an Heiligkeit erreicht hat.

Eine besondere Verehrung genoss bei Carlo auch der Erzengel Michael, der eine führende Rolle unter allen Engeln im Kampf gegen Satan einnimmt. Es ist bekannt, dass Carlo öfters auch zur Ehre dieses Erzengels gefastet hat.

5 Gelebte Nächstenliebe

„Was ihr dem geringsten meiner Brüder getan habt, das habt ihr mir getan." (Mt 25,40)

Die Liebe und Barmherzigkeit, die wir unseren Mitmenschen entgegenbringen, zeigen sich nicht zuletzt durch die sieben leiblichen und die sieben geistigen Werke der Barmherzigkeit (vgl. Mt 25,34-46; Tob 1,17-20):

- die Hungrigen speisen,
- die Durstigen tränken,
- die Nackten bekleiden,
- die Fremden beherbergen,
- die Gefangenen erlösen,
- die Kranken besuchen,
- die Toten begraben,

- Unwissende lehren,
- Zweifelnde beraten,
- Trauernde trösten,
- Sünder zurechtweisen,
- Beleidigern gern verzeihen,
- Lästige geduldig ertragen,
- für Lebende und Verstorbene beten.

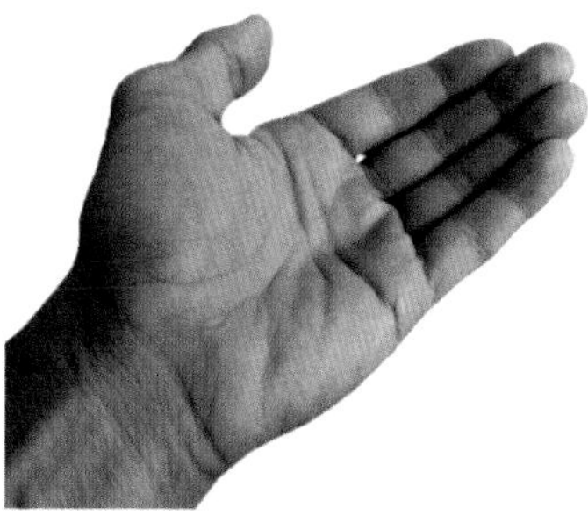

Abb. 33 : Was ihr dem geringsten meiner Brüder getan habt …

Es genügt aber keinesfalls, nur über Barmherzigkeit und Nächstenliebe zu sprechen, sondern Jesus verlangt, dass wir sie auch praktizieren. Der große deutsche Straßenprediger und Jesuit Pater Johannes Leppich brachte es einmal auf den Punkt, als er sagte:

„Christus wird Sie persönlich beim letzten Gericht nach den leiblichen und geistigen Werken der Barmherzigkeit fragen. Und dann wird das Urteil folgen mit den Worten: „Was ihr dem geringsten meiner Brüder getan habt, das habt ihr mir getan." Und „was ihr dem geringsten meiner Brüder nicht getan habt, das habt ihr mir nicht getan." Denken wir immer daran: Einer ist immer noch ärmer als du! Und dieser ist Christus, – dein Bruder!"[1]

Carlo Acutis hat in seinem kurzen Leben nicht nur Gott viel Liebe entgegengebracht, sondern auch seinen Mitmenschen. Die Not anderer ließ ihn bereits als Kind nicht unberührt.

Vielen Obdachlosen und Bettlern brachte er Nahrungsmittel, Geld und Kleidung. Mit Ersparnissen kaufte er für Obdachlose Schlafsäcke. Er scheute sich also nicht, auch mit Randgruppen der Gesellschaft in Berührung zu kommen. Seine Mutter sagte darüber:

„Er hatte eine Großzügigkeit und interessierte sich für alle Menschen: Ausländer, Behinderte, Kinder, Bettler. In der Nähe von Carlo fühlte man sich wie an einem Brunnen mit frischem Wasser. Für ihn war das Leben ein Geschenk von Gott und jeder sollte sich anstrengen, auf dieses Geschenk eine Antwort zu geben, Tag für Tag in großer Einfachheit."[2]

Abb. 34: Statue von Franz von Assisi im Kloster Sießen, geschaffen von Fiorenzo Bacci

Vorbild war in dieser Hinsicht für ihn sicherlich Franz von Assisi. Seine Mutter bestätigte dies, als sie sagte:

„Die Ideen des heiligen Franziskus werden heute stark von den Medien instrumentalisiert und verwässert. Carlo liebte ihn sehr und ließ sich von ihm inspirieren.“[3]

Pater Roberto Gazzaniga ist Schulseelsorger am Gymnasium, auf das Carlo ca. ein Jahr vor seinem Tod gewechselt war. Aus seinen Erinnerungen ergibt sich das Bild eines Jugendlichen mit Eigenschaften, die weit über dem Durchschnitt lagen:

„Als Schüler … fiel er sofort auf … durch seine tiefgründigen menschlichen Qualitäten …

Genau zu dieser Zeit richtete er seine Aufmerksamkeit auf diejenigen, die er als ‚etwas abgeschnitten' empfand. Einige Mädchen und Jungen brauchen mehr Zeit, um sich mit einem neuen Kontext von Schule und Klassenkameraden vertraut zu machen. Von den ersten Tagen an näherte sich Carlo diskret, respektvoll und mutig denjenigen, die am meisten darum kämpften, sich in der neuen Realität der Klasse und des Instituts zurecht zu finden …

Abb. 35: Innensicht des Gymnasiums

Viele Weggefährten sind Carlo dankbar für seine Fähigkeit, Beziehungen zu schaffen und zu erleichtern, Vertrauen und Nähe zu vermitteln, ohne aufdringlich zu sein …

Ich war immer erstaunt über die Tatsache, dass er wegen seiner angeborenen, weit über dem Durchschnitt liegenden Qualitäten und Fähigkeiten nicht zur Zielscheibe von Witzen oder Kämpfen wurde. Oft sind die Jungs unter sich, wenn einer ausgezeichnet ist, sehr wohl in der Lage, ihn mit Pfeilen, Anspielungen, Ohrfeigen ‚herabzusetzen'".[4]

Seinen Schulkameraden stand er bei, sei es bei Problemen mit Drogen, sei es, wenn sie andere Sorgen hatten. Er verteidigte Einzelgänger, die sich schwertaten, sich in die Gemeinschaft zu integrieren, und er half Kameraden, bei deren Eltern die Gefahr einer Scheidung drohte. Mehrfach stellte er sich auf die Seite von Behinderten, wenn andere über sie spotteten.

Auch ein Papst hätte es nicht besser ausdrücken können, als er sagte:

„Geld ist nur Altpapier. Was im Leben zählt ist der Adel des Geistes, das heißt die Art und Weise, wie man Gott liebt und wie man den Nächsten liebt."[5]

Und Carlo lebte auch nach seinen eigenen Worten.

Seine Nächsten waren aber auch die Verstorbenen. Ausschlaggebend war ein Traum, in dem ihm sein kurz zuvor verstorbener Großvater erschien und ihn bat, für ihn zu beten, weil er im Fegefeuer sei. Seine Mutter sagte hierzu:

„Von da an begann Carlo für alle armen Seelen im Fegefeuer zu beten. Immer, immer, immer betete er für diese Seelen und versuchte, Ablässe für sie zu gewinnen. Er sagte immer, dass wir für die armen Seelen im Fegefeuer beten müssen, dass wir sie nicht vergessen dürfen und dass sie uns sehr helfen werden."[6]

Liebe brachte er aber nicht nur seinen Mitmenschen entgegen, sondern auch Tieren. Auch sie sind Geschöpfe Gottes und haben ein Recht auf eine anständige Behandlung. Vier

Hunde, zwei Katzen und Goldfische waren ihm zu Hause ans Herz gewachsen.

Abb. 36: Auch seinen Tieren galt sein Herz.

6 Normal und doch ungewöhnlich

Carlo Acutis näher zu charakterisieren fällt nicht besonders schwer. Seine Mutter beschrieb ihn in einem Interview treffend mit den Worten:

„Sie müssen Carlo nicht als jemanden ansehen, der perfekt war. Er war ein sehr geerdeter Junge. Er war ein Sohn seiner Zeit. Er spielte mit seiner PlayStation usw. Er verstand jedoch auch, dass diese Dinge – wie der Computer oder die PlayStation – eine Art ‚Tyrannei' über die Seele fordern könnten. Sie könnten süchtig werden, ein Sklave dieser Dinge. So viel Zeit könnte verschwendet werden, und Carlo hatte immer das Gefühl, dass er keine Zeit verschwenden konnte. Also hat er sich selbst auferlegt, dass er maximal eine Stunde pro Woche auf seiner PlayStation spielen darf … Er war ein bisschen ein Perfektionist, aber nicht besessen … Er liebte es zu essen und irgendwann stellte er fest, dass er sich zu sehr verwöhnte. Er zwang sich dann zu mehr Mäßigkeit – zu essen und zu genießen, aber zu den richtigen Zeiten und auf die richtige Weise … Eine andere Sache, er hatte die Angewohnheit, viel zu reden … Er war auch ein bisschen Klassenclown, sehr lustig. Er schrieb Cartoons, 3D-Cartoons auf dem Computer, um seine Freunde zu amüsieren, aber er musste das auch mildern, um es zur richtigen Zeit zu tun. Er war in vielerlei Hinsicht ein normaler Junge …"[1]

Abb. 37: Am Geburtstag

Auch Sport zählte zu den Lieblingsbeschäftigungen. Mit Fußball, Skifahren, Fahrradfahren und anderen sportlichen Betätigungen hielt er seinen Körper fit, den er stets als Tempel des Heiligen Geistes ansah (vgl. 1 Kor 6,19).

Abb. 38: In der Fußballmannschaft (hintere Reihe, 2. v. links)

Carlo lernte autodidaktisch Saxophon zu spielen.

Und er war innerlich ausgeglichen, getragen von der Hand Gottes. Er sagte:

„Die Traurigkeit ist der Blick, den man auf sich selbst richtet. Die Freude ist der Blick, den man auf Gott richtet.“[2]

Die Cousine von Carlo, Falvia Maria Zauli, konnte sich nicht erinnern, Carlo je traurig gesehen zu haben.

Bezeichnend sind auch Aussagen seines Vaters. Mit Carlo habe man als Eltern nie schimpfen müssen. Immer, wenn sie ihn um etwas gebeten hätten, habe er es sofort getan. Auch habe es ihm nie an Respekt gegenüber den Eltern und seinen Vorgesetzten gefehlt.

Auf der einen Seite war Carlo Acutis ein ganz normaler Junge. Aber auf der anderen Seite strahlte aus ihm bereits in jungen Jahren die Heiligkeit heraus. Seine Liebe zu Gott, zur Eucharistie, zur Muttergottes, den Heiligen, den Engeln, zur Kirche und zu den Mitmenschen in solch hohem Maß besessen zu haben, darf durchaus als ungewöhnlich bezeichnet werden. Manches davon scheint ihm im weitesten Sinne als Talent in die Wiege gelegt worden zu sein, aber er kam nicht bereits als Heiliger auf die Welt, sondern er wurde es erst durch sein Leben. Wenn es auch kurz war, er hat deutliche Spuren auf der ganzen Welt hinterlassen.

Carlo Acutis wetteiferte nicht mit den Idolen einer materialistischen und säkularisierten Welt wie viele andere Jugendliche, sondern sein Blick richtete sich immer nach oben:

„Nicht ich, sondern Gott.“[3]

Ihm war klar, dass man nicht die Stars dieser Welt nachzuleben versuchen sollte, sondern seinen eigenen Weg gehen muss und den gab letztendlich das Evangelium für ihn vor. Er zitierte gerne den englischen Dichter Edward Young (1683-1765):

„Wir kommen alle als Originale auf die Welt, aber viele von uns sterben als Kopien."[4]

Abb. 39: Carlo Acutis

Original zu sein bedeutet aber auch, sich von der Masse abzuheben und immer wieder gegen den Strom des jeweiligen Zeitgeistes schwimmen zu müssen, also normal zu sein, aber doch ungewöhnlich.

Pater Roberto Gazzaniga SJ schilderte hierzu anschaulich:

„… Carlo hat seine Glaubenswahl nie verheimlicht, und selbst in Gesprächen und verbalen Auseinandersetzungen mit seinen Klassenkameraden hat er sich respektvoll gegenüber den Positionen der anderen verhalten, ohne jedoch die Klarheit aufzugeben, die er zu sagen und zu bezeugen hat …

Als ich seinen Klassenkameraden zuhörte, die ich zu ‚Carlos Gabe' befragte, erinnere ich mich, dass die Charakterzüge, die die Erinnerung der Jungen am meisten beeindruckten und sich bei den Jungen einprägten, folgende sind: ‚Freude, Lebhaftigkeit, Großzügigkeit, begierig nach freundschaftlichen Beziehungen, fähig zur Selbstdisziplin: nie wütend gesehen, auch wenn er provoziert wurde', ein Junge, der sich mit verschiedenen Interessen beschäftigt, ohne seine Pflichten zu vernachlässigen, lächelnd, freundlich, fähig zu guten Beziehungen zu allen, ‚wenn man schlechte Laune hat, würde die Nähe zu ihm an einem vorbeigehen', angesteckt von seinem Optimismus, fähig zu gesellschaftspolitischen Interessen ‚in der Wachstumsphase, in der die Aufmerksamkeit für sich selbst und seine kleine Welt oft vorherrscht', Sympathie und ein einladender und gastfreundlicher Stil auch in dem Sinne, dass er die Initiative ergreift, Freunde im Haus willkommen zu heißen, das Gefühl, dass bei ihm die Worte nicht in formales Zuhören fielen, sondern ein echtes Interesse an der Person bestand."[5]

Die Familie Acutis besitzt in Assisi ein Ferienhaus.

Abb. 40: Ferienhaus der Familie Acutis in Assisi

Im Nachbarhaus wohnte Frau Adele Pizzichini. Sie kannte Carlo schon als kleines Kind.

Abb. 41: Adele Pizzichini

Frau Pizzichini erzählte, dass Carlo ihr immer die Einkaufstasche in den ersten Stock getragen habe, kaum, dass er sie damit gesehen habe. Dies sei mit einer Natürlichkeit, Freundlichkeit und Selbstverständlichkeit geschehen, dass es nicht beschämend gewesen sei.

Carlo habe die Tage nicht mit den anderen Kindern auf der Straße beim Spielen verbracht. Er sei anders als die anderen gewesen. Er habe immer freundlich und zuvorkommend gegrüßt, aber er habe sich nicht mit langem Geplauder und Unterhaltungen aufgehalten.

Auf die Frage hin, wie sie ihn als (kleines) Kind erlebte, antwortete sie: „Non era mai piccolo, era sempre grande! Era giá grande da piccolino." Man könnte dies wie folgt übersetzen: „Er war nie ein kleines Kind, er war immer groß! Schon als Kleiner war er groß."

Sie trage eine Medaille von Carlo und besuche jeden Tag sein Grab. Sie wisse, dass er ihr sehr nahe sei.

Ansteckend war seine tiefe Religiosität. Die Menschen spürten einfach, dass von ihm eine innere Kraft ausging, die ihren Ursprung nicht in der irdischen Welt hatte. So ging es auch Rajesh, einem Hindu und Brahmanen, der im Haushalt der Familie Acutis arbeitete. Durch seinen Kontakt zu Carlo ließ er sich taufen und wurde katholisch:

„Ich begleitete Carlo auf dem Weg zum Kindergarten, in den Park, zu McDonald's und vor allem in die Kirche. Er erzählte mir immer viele schöne Dinge über die Kommunion und die Messe. Und obwohl er noch so klein war, hörte ich ihm lieber zu als meinem Lehrer. Denn alles, was er mir erzählte, war voller Freude und berührte mein Herz. Er erzählte mir Dinge über den Herrn und die Gottesmutter. Und mit der Zeit

fühlte ich, dass ich mich von innen heraus bekehrte. Er war so jung, und ich war erstaunt, dass mir ein so kleines Kind ein Vorbild sein konnte. Er war ein echter Lehrer für mich, weshalb ich vom Hinduismus zum Christentum konvertierte.“[6]

Abb. 42: Carlo (rechts) mit Rajesh

7 Missionierung mit dem PC

Wenn uns jemand in den 50er Jahren gesagt hätte, dass die Welt einmal durch ein digitales Netz verbunden sein wird, dass es möglich sein wird, digitale Nachrichten via E-Mail innerhalb weniger Sekunden durch einen Klick von einem Ende der Erde zum anderen Ende zu senden und die meisten ein mobiles Funktelefon bei sich tragen werden, dann hätten wir ihn vermutlich für verrückt gehalten. Und dennoch ist es Wirklichkeit geworden.

Nun, die Erfahrungen mit dem Internet sind gemischt. Es kann zugleich Segen und Fluch sein. Papst Franziskus hat das Internet in einer Botschaft vom 24. Januar 2014 als „Geschenk Gottes" bezeichnet. Allerdings übersah der Papst auch nicht die Schattenseiten dieser Errungenschaft. Kommunikation sei nämlich primär eine soziale Errungenschaft, keine technische.[1]

Es ist nicht zu bestreiten, dass für viele Menschen unserer Zeit das Smartphone zum „Götzen" geworden ist, das auch durchaus Suchtverhalten hervorrufen und begründen kann. Das Internet sollte – so Papst Franziskus weiter – echte menschliche Begegnungen nicht ersetzen. Wenn die Kommunikation überwiegend dazu diene, zum Konsum zu veranlassen, hätten wir es mit einer gewalttätigen Aggression zu tun.

Auch die Kirche hat längst die Chancen für die Missionierung und Verkündigung durch das Internet erkannt. Richtig eingesetzt, kann hier viel Gutes bewirkt werden.

Dass sich ein Junge wie Carlo Acutis mit diesem Medium beschäftigt hat, erscheint durchaus nicht außergewöhnlich. Im Gegenteil, auch er war ein Kind seiner Zeit. Außergewöhnlich war aber zum einen sein Wissen und Können rund um das Internet und den PC, und zum anderen vor allem die Art und Weise, wie er es eingesetzt hat.

Carlo wurde für den Umgang mit dem Computer und dem Internet eine außergewöhnliche Begabung in die Wiege gelegt. Ob man ihn schon als „Computergenie" bezeichnen darf, hängt letztendlich von den Maßstäben ab, die man diesem Begriff zugrunde legt. Aufgrund seines Alters dürfte ihm diese Bezeichnung zuzubilligen sein. So beschäftigte er sich mit Algorithmen und studierte Computerliteratur, deren Verständnis normalerweise Informatikstudenten vorbehalten blieb. Er erlernte beispielsweise Programmiersprachen, verstand sich auf Computerprogrammierung, er erstellte und bearbeitete Videoprojekte und Internetseiten. Sogar in die Erstellung einer vatikanischen Internetseite über Märtyrer war er eingebunden.

Was Carlo besonders auszeichnete und ihn wirklich zu einem Missionar im Internet werden ließ, ist die Tatsache, dass er all sein erworbenes Wissen und Können für die Kirche und den katholischen Glauben einsetzte. Erzbischof Domenico Sorrentino würdigte ihn zutreffend als Beispiel für „Heiligkeit im digitalen Zeitalter". Mithilfe des Computers sei er wie die ersten Jünger Jesu durch die Straßen der Welt gegangen, um die Freude des Evangeliums weiterzugeben.[2]

Nicht zuletzt baute er auch im Dienste seines Glaubens zahlreiche Websites auf. Sein größtes Werk war die digitale Katalogisierung der kirchlich anerkannten eucharistischen Wunder. Dieses gewaltige Werk nimmt einen so breiten Raum im kurzen Leben von Carlo Acutis ein, dass ihm eigens das nächste Kapitel dieses Buches gewidmet ist. Er entwarf auch eine Ausstellung über die Begriffe „Himmel, Fegefeuer, Hölle".

Vielleicht fragt man sich, wie Carlo neben all seinen missionarischen Tätigkeiten überhaupt noch die Zeit für die Erledigung seiner Schulaufgaben fand. Seine Mutter lieferte hierzu die Erklärung:

„Carlo war fähig, all das zu tun, weil er keine Zeit verschwendete, und manchmal, wenn er Hausaufgaben zu erledigen hatte, die er tagsüber nicht schaffen konnte, war er es gewohnt, bis 3 Uhr nachts wachzubleiben."[3]

8 Die Ausstellung über eucharistische Wunder – sein größtes Vermächtnis

Es gab in der Kirchengeschichte immer wieder Menschen, welche die Transsubstantiationslehre der katholischen Kirche angezweifelt oder gar abgelehnt haben. Auch heute noch versuchen einige Theologen es zum Beispiel so zu deuten, dass Jesus in der Hostie und im Wein nur geistig gegenwärtig bzw. alles nur symbolisch zu verstehen sei. Mit diesem Thema befassten sich auch Konzile, namentlich das Konzil von Trient, und auch Päpste verteidigten mit Enzykliken entschieden die Lehre der Kirche von der vollständigen Wesensverwandlung. Erwähnt seien hierbei vor allem die Enzykliken „Mysterium fidei"[1] von Papst Paul VI. und „Ecclesia de eucharistia"[2] von Papst Johannes Paul II.

Nun gab es im Laufe der Jahrhunderte aber auch zahlreiche sog. eucharistische Wunder. Es sind Privatoffenbarungen, an die man zwar nicht zwingend glauben muss, die einem aber dennoch helfen können, den rechten Weg im Glauben zu finden, wenn sie geprüft und kirchlich anerkannt sind. Sie sind gewissermaßen die Konzession Gottes an die Glaubensschwäche von uns Menschen und tragen auch der Tatsache Rechnung, dass unser Verstand vieles von dem, was bei der Wesensverwandlung von Brot und Wein geschieht, nicht begreifen kann. Und der Kirche selbst vermögen sie einmal mehr die göttliche Bestätigung der Richtigkeit ihrer Lehre zu geben.

Nach Angaben der Literatur sind derzeit ca. 136 eucharistische Wunder kirchlich anerkannt. Die Anerkennung obliegt grundsätzlich dem jeweiligen Ortsbischof.

Stellvertretend für die anerkannten Wunder sei zunächst Lanciano näher betrachtet. Obwohl dieses Wunder etwa auf das Jahr 730 zurückgeht, handelt es sich um das wissenschaftlich wohl am besten untersuchte eucharistische Wunder.

Abb. 43: Lanciano

Die Stadt liegt in den Abruzzen unweit der Adriaküste und eine knappe Autostunde vom berühmten Wallfahrtsort Manoppello entfernt.

Um das Jahr 730 zelebrierte ein Ordenspriester in Lanciano die hl. Messe. Schon vorher waren ihm immer wieder

Zweifel daran gekommen, dass sich Brot und Wein tatsächlich in den Leib und das Blut Christi verwandeln. An diesem Tag waren sie aber besonders stark ausgeprägt.

Nachdem er die Wandlungsworte gesprochen hatte, sah er plötzlich, wie sich ein Teil der Hostie in blutendes Fleisch und der Wein sich in frisches Blut verwandelt hatten. Das Blut begann zu gerinnen und bildete schließlich fünf kleine Klumpen. Die Aufregung nach dem Bekanntwerden des Wunders war groß, und es eilten viele Menschen in die Stadt in den Abruzzen, um sich selbst von der Richtigkeit des Gehörten zu überzeugen. Im Laufe der Jahrhunderte wurden die beiden Reliquien von einer wechselvollen Geschichte begleitet.

Seit 1902 befinden sie sich im Hochaltar der Kirche San Francesco in Lanciano.

Abb. 44 und 45: Reliquiar im Hochaltar der Kirche San Francesco in Lanciano

1970 entschloss sich der damalige Erzbischof von Lanciano, Pacifico Perontoni, das Fleisch und das Blut wissenschaftlich eingehend untersuchen zu lassen. Auch der Vatikan erteilte hierzu seine Zustimmung.

Die Untersuchungen begannen am 18. November 1970 und wurden von Prof. Dr. Odoardo Linoli durchgeführt. Er war Professor für Anatomie und pathologische Histologie und für Chemie und klinische Mikroskopie. Er zog Prof. Ruggero Bertelli hinzu, der vor seinem Ruhestand Professor für Histologie an der Universität Siena war. Beide waren anerkannte Wissenschaftler und Kapazitäten auf ihrem Gebiet.

Prof. Dr. Linoli konnte 1971 seine Ergebnisse der Öffentlichkeit vorstellen und Prof. Dr. Bertelli bestätigte dessen Ergebnisse durch seinen Untersuchungsbericht.

Die Untersuchungsergebnisse können folgendermaßen zusammengefasst werden:[3]

1. Es handelt sich um wirklich echtes Fleisch und Blut.

2. Das Fleisch ist Herzmuskelgewebe.

3. Das Fleisch und das Blut stammen von einem Menschen.

4. Das Fleisch und das Blut gehören der gleichen Blutgruppe an (Anmerkung: Es handelt sich um die seltene Blutgruppe AB. Auch das Blut auf dem „Turiner Grabtuch" weist die Blutgruppe AB auf).

Die im Blut vorhandenen Proteine sind normal verteilt in einem prozentualen Verhältnis, wie es das Blutbild normalen, frischen Menschenblutes aufweist.

Prof. Linoli veröffentlichte seine Untersuchungsergebnisse in der italienischen Fachzeitschrift „Quaderni Sclavo di Diagnostica Clinica e di Laboratori“. Der Artikel rief in der Welt ein großes Echo hervor.

Es ist an dieser Stelle selbstverständlich nicht möglich, auf alle kirchlich anerkannten Wunder einzugehen. Dennoch sei ein weiteres eucharistisches Wunder erläutert, das sich 2006, also im Todesjahr von Carlo Acutis, in Tixtla zugtragen hat.

Tixtla liegt in Mexiko etwa 20 km östlich der Landeshauptstadt Chilpancingo. Es leben dort rd. 33.000 Einwohner.

Das eucharistische Wunder ereignete sich am 21. Oktober 2006 in der dortigen Kirche San Martin de Tours. Die hl. Messe wurde von Pfarrer Leopoldo Roque zelebriert. Pfarrer Raymundo und eine Ordensschwester halfen ihm bei der Kommunionausteilung.

Die Ordensschwester bemerkte plötzlich, dass aus der Hostie, die sie gerade in den Händen hielt, eine rötliche Flüssigkeit auszutreten begann. Ihr war sofort klar, was das zu bedeuten hatte.

Abb. 46: Die Hostie des Wunders in der Monstranz

Weil es Samstag war, informierte Pfarrer Roque seinen Bischof erst am darauffolgenden Montag.

Im Oktober 2009 begann der Neurophysiologe Dr. Ricardo Castanon Gomez aus Bolivien in Zusammenarbeit mit Experten und Labors auf Wunsch des Bischofs mit wissenschaftlichen Untersuchungen.

Am 25. Mai 2013 konnten die Untersuchungsergebnisse von Dr. Castanon Gomez vorgestellt werden. Zusammengefasst lässt sich sagen:[4]

Bei der rötlichen Substanz handelt es sich tatsächlich um menschliches Blut. Im Labor konnten Hämoglobin und menschliche DNA identifiziert werden.

Zwei Untersuchungen durch namhafte forensische Pathologen (Gerichtsmediziner) mit unterschiedlichen Methoden ergaben zweifelsfrei, dass die Substanz (das Blut) aus dem Innern der Hostie ausgetreten war, womit auszuschließen ist, dass jemand sie von außen aufgetragen hat.

Die Blutgruppe ist AB, wie bei der Hostie von Lanciano oder auf dem Turiner Grabtuch.

Eine mikroskopische Untersuchung verschiedener Schichten ergab in starker Vergrößerung, dass die Oberfläche des Blutes seit Oktober 2006 geronnen war. Jedoch stieß man bei der Untersuchung der inneren und untersten Schichten im Februar 2010 noch auf frisches Blut.

Entdeckt wurden weiße Blutzellen, rote Blutzellen und aktive Makrophagen, die Lipide umschließen. Das fragliche Gewebe erschien gerissen und im natürlichen Heilungsprozess, wie bei einem lebenden Gewebe.

Eine weitere histopathologische Untersuchung bestimmte das Vorhandensein von Proteinstrukturen im Zustand des Zerfalls, was auf mesenchymale Zellen hinweist, die sich durch eine erhöhte biophysiologische Dynamik auszeichnen.

Die immunhistologische Untersuchung ergab, dass das vorliegende Gewebe von einem Herzmuskel (Myokardium) stammt.

Im Oktober 2013 wurde das eucharistische Wunder von Tixtla durch Bischof Msgr. Alejo Zavala Castro kirchlich anerkannt.

Kommen wir zu Carlo Acutis zurück! Es war wohl keinem Zufall, sondern einer göttlichen Fügung zu verdanken, dass er im Jahr 2002 mit seinen Eltern nach Rimini zu einem Vortrag fuhr, den ein mit der Familie befreundeter Priester hielt. Dort sah Carlo auch eine Ausstellung, die ihn sehr ansprach. Und dabei reifte in ihm eine Idee, an deren Umsetzung er nach seiner Rückkehr nach Mailand sofort zu arbeiten begann. Es sollte eine Ausstellung entstehen, die alle kirchlich anerkannten eucharistischen Wunder zeigt. Seiner Mutter ist die Entstehung dieser spontanen Idee noch heute in guter Erinnerung:

„Er war überzeugt, dass den Leuten dadurch klar würde, dass es sich bei der verwandelten Hostie und dem Wein tatsächlich um den Leib und das Blut Christi handelt. Dass dies nicht nur etwas Symbolisches ist, sondern man Christus darin wirklich begegnen kann. In dieser Zeit half er bei der Katechese in der Pfarrei, und diese Ausstellung schien ihm eine gute Möglichkeit, den Leuten das Geheimnis der Eucharistie näherzubringen."[5]

Ob sich Carlo zu dieser Zeit schon vollkommen darüber bewusst war, was er sich da eigentlich vorgenommen hatte, darf in Zweifel gezogen werden. Jedenfalls erwies sich das Unternehmen als „Herkulesaufgabe“, die seine ganze Hingabe und auch Freizeit beanspruchte.

Zunächst war es unabdingbar, alle kirchlich anerkannten eucharistischen Wunder zu erfassen und zu katalogisieren. Damit aber nicht genug. Von allen Orten galt es, Fotomaterial über die Geschichte und die wissenschaftlichen Untersuchungen des jeweiligen Wunders zu beschaffen, und zwar in einer zufriedenstellenden Qualität.

Carlo ließ seinen Eltern keine Ruhe mehr. In Italien und in ganz Europa reiste er mit ihnen zusammen zu den Stätten eucharistischer Wunder. Welchen Zeit- und Geldaufwand hier vor allem die Eltern investieren mussten, kann man sich unschwer vorstellen.

Seine hervorragenden Computerkenntnisse kamen Carlo bei der Umsetzung seiner Idee natürlich sehr zugute. Und auch seine Familie wusste er für diese Sache einzubinden, ebenso wie nicht wenige seiner Mitmenschen.

Es ist kaum zu glauben, aber nach nicht einmal drei Jahren war das Werk vollendet. Eine hervorragende Internetseite über alle anerkannten eucharistischen Wunder und rd. 166 Schautafeln für Ausstellungen waren entstanden. Und die Sache lief gut an! Es kamen keineswegs nur Anfragen aus Italien, sondern aus ganz Europa und auch aus den übrigen vier Erdteilen. Die Tafeln mussten hierzu in viele Sprachen übersetzt werden.

Die Internetseite mit den eucharistischen Wundern findet sich auf: http://www.miracolieucaristici.org/de/Liste/list.html. Sie wird auch heute noch gepflegt.

Einer, der die Ausbreitung der Ausstellung auf dem amerikanischen Kontinent miterlebte und maßgeblich beeinflusste, ist Luis Alberto Sánchez Serrano. Er lebt in Ocaña, Norte de Santander in Kolumbien, einem Gebiet, das stark vom internen bewaffneten Konflikt des Landes geprägt ist. Er widmet sich dort der Evangelisierung und Missionsarbeit, wozu er auch die sozialen Netzwerke nutzt.

Für seine missionarische Berufung spielte Carlo Acutis eine entscheidende Rolle:

„Carlo Acutis gab meinem geistlichen Leben und meiner Vision … aus der Perspektive der Evangelisierung eine neue Richtung. Er hat mich zum Missionar gemacht, ohne es in der Mitte meines Lebens geplant zu haben. Mit 45 Jahren ‚motivierte' mich Carlo mit nur 15 Jahren zur Evangelisierung und erlaubte mir ebenso, immer einen Koffer mit seiner Ausstellung zu meiner Verfügbarkeit bereit zu haben, um an jedem Ort oder in jeder Gemeinde über eucharistische Wunder zu sprechen.“[6]

Abb. 47: Luis Alberto Sánchez Serrano

Die Ausbreitung der Ausstellung auf dem amerikanischen Kontinent hat ihre eigene Geschichte. Mit Begeisterung weiß Luis Alberto Sánchez Serrano davon zu berichten.

Unter den Ländern und Städten, in denen sie gezeigt wurde, finden sich beispielsweise New York, New Jersey, Long Island, Nevada, Las Vegas, Nicaragua, Costa Rica, Peru, Paraguay und Uruguay.

Abb. 48: Ausstellungsplakat für Montevideo

Die nachfolgenden Fotos vermitteln davon einen kleinen Eindruck:

Abb. 49: Ausstellung in New Jersey E.E.U.U

Abb. 50: Plakat für die Ausstellung in der Kirche Santo Domingo in Chincha/Peru

Abb. 51: Ausstellung in der Kirche Santo Domingo in Chincha/Peru

Ein Höhepunkt war sicherlich der Weltjugendtag in Panama im Jahr 2019:

Abb. 52: Beim Weltjugendtag 2019 in Panama

Eine tiefe Erfahrung durfte Luis Alberto Sánchez Serrano auch mit der Ausstellung in der Katholischen Universität von El Salvador machen.

Abb. 53: Ausstellung in der Katholischen Universität in El Salvador

Diese verdankte er nicht nur der Ausstellung, sondern er empfand es daneben als großes Privileg, dort zu beten, wo Oscar Romero während einer Messe am Altar erschossen worden war. Es war eine Selbstverständlichkeit, dass sich daran auch ein Besuch seines Grabes anschloss.

Was den Eindruck der Besucherinnen und Besucher der einzelnen Ausstellungen anbelangt, schreibt Luis Alberto Sánchez Serrano:

„Die Kommentare waren immer positiv, sie haben viel Bewunderung, Erinnerung und eine Zunahme der eucharistischen Leidenschaft hervorgerufen, was der Wunsch von Carlo war … Es ist wirklich sehr befriedigend, jedes der Gesichter betrachten zu können, während sie die Tour durch jede der Geschichten machen. Erstaunen, Bewunderung, Stille, Meditation und ein Aufruf zum Gebet sind einige der auffälligsten Merkmale jeder Ausstellung.

Abb. 54 und 55: Luis Alberto Sánchez Serrano im Gebet bei der Stelle der Ermordung und am Grab von Oscar Romero

Nachdem, was mir die Organisatoren dieser Ausstellungen gesagt haben, kommentieren sie, dass die eucharistische Anbetung zunimmt und der Wunsch, noch mehr darüber zu erfahren; was jedoch nicht unbemerkt bleiben kann, ist das große Erstaunen, das Carlos Leben selbst hervorruft und dass er in so jungen Jahren so viel konnte, was bei Katholiken so viele Reaktionen hervorruft.“[7]

Wie wir sehen, ist Carlo Acutis auf dem amerikanischen Kontinent kein Unbekannter:

„Nachdem er von Papst Franziskus für ehrwürdig erklärt wurde, erlebte Carlo auf der Ebene des Kontinents einen großen Aufschwung, da die verschiedenen katholischen Informationsseiten eine großartige informative Darstellung seines Lebens und Werkes bieten. Brasilien, der Ort, an dem das Wunder geschah, das zu seiner Seligsprechung führte, hat eine große Anzahl leidenschaftlicher Anhänger.“[8]

Im Zeitpunkt des Entstehens der 1. Auflage dieses Buches zeigte die katholische Kirchengemeinde St. Katharina in Zürich die Ausstellung von Carlo Acutis in ihren Räumen.

Abb. 56: Kirche St. Katharina in Zürich

Der Autor besuchte sie und konnte auch mit dem damaligen Organisator sprechen, Vikar Philipp Isenegger. Er macht aus seiner Begeisterung für Carlo Acutis und seine Ausstellung keinen Hehl:

Abb. 57: Vikar Philipp Isenegger

„Ich bin als Vikar in der Kirchengemeinde St. Katharina in Zürich tätig. Aber auch schon in meinen früheren Pfarrstellen unternahm ich öfters Wallfahrten mit Jugendlichen nach Assisi. Dabei besuchten wir auch immer das Grab von Carlo Acutis. Mein Interesse an seiner Person war damals schon groß. Mir imponierte, dass er in seinem Alter bereits das für sich intensiv praktizierte, was unseren katholischen Glauben wesentlich prägt: Eucharistiefeier, Rosenkranz, Beichte, Bibel lesen und Fasten.

Meine Jugendlichen konnten sich durchaus mit Carlo Acutis identifizieren. Er war allein schon altersmäßig einer von ihnen und seine Computerkenntnisse sowie das, was er in diesem Zusammenhang für den Glauben tat, nötigten ihnen Respekt ab. Auf diesen Reisen legte ich auch auf Spiritualität sehr viel Wert.

Und um das zu erreichen, dürfen die Jugendlichen, unter anderem, ihr Smartphone nur eine halbe Stunde pro Tag nutzen. Der Glaube soll im Vordergrund stehen und nicht die Beschäftigung mit der Technik. Die Technik kann höchstens ein Werkzeug sein auf unserem Weg zur Heiligkeit, jedoch nur sehr begrenzt, denn sie ist nichts im Vergleich zu unserer Gottesbeziehung.

Die Ausstellung über eucharistische Wunder in unsere Pfarrei zu holen, lag mir sehr am Herzen. Die Tatsache, dass ein 15jähriger Junge so etwas auf die Beine gestellt hatte, war faszinierend. Immer wieder kommen vor allem Gruppen in die Pfarrei, um die Ausstellung anzusehen.“[9]

Abb. 58: Ausstellung in der Pfarrei St. Katharina in Zürich

Wer den Saal der Ausstellung betrat, der konnte schon beim Betrachten der ersten Tafeln erahnen, was für eine enorme Arbeit hinter dieser Ausstellung steckt. Und dass so etwas ein Schüler auf die Beine gestellt hat, ist unglaublich. Da wurde seriös recherchiert, Fotomaterial aus der ganzen Welt gesammelt und – wo es notwendig erschien – wurden Zeichnungen erstellt und eingepflegt und alles musste optisch ansprechend gestaltet werden.

In diesem Zusammenhang sei erwähnt, dass die katholische Kirchengemeinde St. Anton in Kempten vor einigen Jahren ein schönes und nachahmenswertes Projekt verwirklicht hat. Auf ansprechenden und hochwertigen Rollos entstand eine Ausstellung über eucharistische Wunder entsprechend den Ausarbeitungen von Carlo Acutis. Sie ist ausleihbar, hat bereits viel Gutes bewirkt und ist einen Besuch wert.

Abb. 59: Blick auf die ausleihbare Ausstellung der katholischen Kirchengemeinde St. Anton Kempten

9 Krankheit, Tod, Beisetzung

Carlo Acutis formulierte einmal das Ziel, das allen Menschen gemein sein sollte:

„Unser Ziel muss das Unendliche und nicht das Endliche sein. Die Unendlichkeit ist unsere Heimat. Wir werden immer im Himmel erwartet.“[1]

Ob er es wohl ahnte oder gar wusste, dass ihn der Himmel überaus früh erwartete, nämlich schon bereits im Alter von 15 Jahren?

Am 30. September 2006 stellten sich bei Carlo Anzeichen einer Erkrankung ein, die zunächst an einen grippalen Infekt denken ließen. Am Abend sagte er aus heiterem Himmel:

„Ich opfere meine Leiden für den Papst und für die Kirche auf, um nicht ins Fegefeuer, sondern direkt in den Himmel zu kommen.“[2]

Am 7. Oktober 2006 erfolgte die Aufnahme in die De Marchi-Klinik in Mailand. Die „vernichtende“ Diagnose lautete schließlich auf Promyelozytenleukämie (APL), auch als M 3-Leukämie bekannt. Dies ist eine sehr seltene Form der Leukämie. Sie ist zwar grundsätzlich behandelbar, aber birgt gleichzeitig ein relativ hohes Risiko von tödlich verlaufenden inneren Blutungen in sich.

Abb. 60: San-Gerardo-Krankenhaus in Monza

Schließlich musste er in das San-Gerardo-Krankenhaus in Monza eingeliefert werden.

Carlo Acutis schien offenbar zu wissen, dass er einen Feind in sich trug, der seinen Körper besiegen würde. Als er die Klinik betrat, äußerte er sich jedenfalls gegenüber seiner Mutter vollkommen realistisch:

„Hier komme ich nicht mehr heraus.“[3]

Einer Mutter kann kaum etwas Schlimmeres widerfahren, als ihr eigenes Kind sterben zu sehen und zu Grabe tragen zu müssen. Carlo selbst war absolut gefasst. Keine Klage kam über seine Lippen. Seinen Trost erhielt er aus dem tiefen Glauben und diesen Trost versuchte er auch an seine Mutter weiterzugeben:

„Mama, hab' keine Angst, denn mit der Inkarnation Jesu wurde der Tod zum Leben und es besteht kein Grund, zu entkommen. Im ewigen Leben erwartet uns etwas Außergewöhnliches."[4]

Er versprach seiner Mutter, ihr nach seinem Tod ein Zeichen zu geben, dass er bei Gott sei. Nun ist es natürlich interessant zu erfahren, ob es solche Zeichen wirklich gegeben hat. In einem Interview mit dem Autor erklärte seine Mutter hierzu:

„... Carlo sagte mir, dass ich [nach seinem Tod] *nochmals Mama werde. Er sagte mir die Schwangerschaft voraus, genauso wie die Seligsprechung. Und die Heiligsprechung, das sagte er zu mir. Und er erzählte mir viele Dinge, die passieren werden. Aber wir spüren die Präsenz Carlos. Viele, viele spüren sie nicht nur wegen der Voraussagen, auch durch die Zeichen, die uns Menschen schildern und uns Rückmeldung etc. geben. Es ist schwer, das alles in wenigen Worten zu sagen. Aber wir hatten wirklich viele, viele Zeichen."*[5]

Aber nicht nur gegenüber seinen Eltern klagte Carlo während seiner schweren Erkrankung nicht. Als ihn die Krankenschwester fragte, wie es ihm gehe, antwortete er:

„Gut. Es gibt Menschen, denen es schlechter geht."[6]

Seine behandelnden Ärzte, Dr. Andrea Biondi und Dr. Mòmcilo Jankovic, merkten rasch, dass sie mit Carlo einen ganz besonderen Menschen in die Klinik aufgenommen hatten:

„Carlo war wie ein Meteor mit einem schnellen Durchgang durch unsere Station; die Leukämie nahm ihn mit, bevor wir ihn auch nur ein wenig kennenlernen konnten. Doch der Blick aus seinen liebenden Augen hat sich [unseren Erinnerungen]

eingeprägt. Sein Blick war voller Aufmerksamkeit ... voller Mut, voller Zuneigung, voll starken Einfühlungsvermögens ... Sein Glaube an Gott, den er an andere, an seinen Nächsten, weitergeben wollte, leuchtete aus ihm heraus ... Seine sanften Augen ... lehrten uns viel: Das Leben, ob kurz oder lang, muss für sich selbst, aber auch und vor allem für andere intensiv gelebt werden."[7]

Hatte Carlo noch eine Chance oder durften die Eltern wenigstens noch auf ein Wunder hoffen? Sie ahnten es wohl, dass Gott Carlo zu sich holen wollte.

Am 10. Oktober 2006 spendete der Krankenhausseelsorger, Pater Sandro Villa, Carlo die Krankensalbung und brachte die Heilige Kommunion. Die Begegnung mit Carlo bleibt ihm unvergessen:

„*In einem kleinen Raum am Ende des Ganges befand ich mich vor einem Jungen. Sein bleiches, aber heiteres Gesicht überraschte mich – undenkbar bei einem schwerkranken Menschen, besonders bei einem Heranwachsenden ... Ich war auch erstaunt über die Gelassenheit und Hingabe, mit der er, wenn auch unter Schwierigkeiten, die beiden Sakramente empfing. Er schien auf sie gewartet zu haben und spürte das Bedürfnis nach ihnen.*"[8]

Carlo Acutis starb schließlich am 12. Oktober 2006 gegen 6.45 Uhr. In seinem Vater sind die Erinnerungen an diese Stunden noch so gegenwärtig, als wären sie erst gestern gewesen:

„*Als er starb, wurde plötzlich alles schwarz, und ich dachte, vielleicht habe ich es falsch verstanden, vielleicht habe ich mich geirrt, als ich dachte, es wären besondere Dinge, die geschahen. Da ist man plötzlich im Dunkeln, ohne jegliche*

Anhaltspunkte auch in Bezug auf den Glauben. Und dann wurde uns nach und nach klar, dass es doch einen Sinn ergab und es der Teil eines Plans war. Das hat uns mit der Zeit beruhigt. Ich glaube, dass jeder in solchen Situationen besondere Gnaden erhält, die helfen, den Schmerz zu ertragen. Vor allem hatten wir die Gnade, die uns half, zu verstehen, dass wir nicht in einer verrückten Lotterie sind, sondern dass hinter all dem ein Plan besteht. Das hat uns großen Frieden gebracht und mir im Laufe der Zeit geholfen, den Schmerz, der durch die brutale Trennung entstanden ist, zu heilen."[9]

Seine Mutter erinnert sich, dass er zwei Monate vor seinem Tod ein Video aufgenommen hatte, in dem er sagte:

„Ich wiege jetzt 70 Kilo, und ich bin zum Sterben bestimmt."[10]

Jahre zuvor habe Carlo auch einmal erwähnt, er wisse, wie er sterben würde – dass er sterben würde, wenn eine „Vene in seinem Gehirn brechen würde".[11] Genau das war dann auch die Todesursache, eine Gehirnblutung als Folge der Leukämie.

Das, was er lange zuvor über sein Sterben gesagt hatte, konnte er nur vom Himmel selbst offenbart bekommen haben. Daran kann es aufgrund des nachprüfbaren Wahrheitsgehaltes keinen ernsthaften Zweifel geben. Carlo wusste wohl auch, dass er ein gottgefälliges Leben geführt hatte. Darauf deuten seine bemerkenswerten Worte hin:

„Ich bin glücklich, zu sterben, weil ich mein Leben gelebt habe, ohne auch nur eine Minute davon für etwas zu verschwenden, das Gott nicht gefällt."[12]

Zunächst wurde sein Leichnam in seinem Zimmer zu Hause aufgebahrt.

Seine Mutter erinnerte sich, dass beim Requiem die Kirche in Mailand und der ganze Platz davor überfüllt gewesen seien. Und noch etwas beobachtete sie damals:

„Ich habe Leute gesehen, die ich zuvor nie gesehen hatte. Obdachlose, Asylanten, Kinder … Viele Leute haben mir von Carlo erzählt, Dinge, die er getan hatte, von denen ich nichts wusste. Sie legten Zeugnis über das Leben meines Sohnes ab. Mir, die ich mich so verlassen fühlte.“[13]

Pater Roberto Gazzaniga schilderte, wie Carlos Schulkameraden und deren Eltern auf den Tod von Carlo reagiert haben:

„Carlos‘ Krankheit verlief sehr schnell. Er war nur ein paar Tage im Krankenhaus und seine Klassenkameraden wussten nichts davon, weil es sich um eine tödlich verlaufende Leukämie handelte, fehlte er praktisch über Nacht in der Schule.

Sichtlich bestürzt und betrübt über den Verlust eines Gefährten und Freundes, waren seine Krankheit und sein Tod wie ein Blitz aus heiterem Himmel. Die Eltern von Carlos Kameraden waren sehr bewegt und versuchten, Carlos Eltern beizustehen.“[14]

Carlo Acutis hinterließ den Wunsch, in Assisi beerdigt zu werden. 2007 wurden deshalb seine sterblichen Überreste nach Assisi überführt und im dortigen Friedhof oberhalb der Kirche San Francesco in einem Familiengrab beigesetzt.

10 Selig- und Heiligsprechungsverfahren

Viele, die Carlo kannten, dürften wohl damit gerechnet haben, dass er einmal ein Kandidat für eine Selig- und Heiligsprechung werden könnte.

In der katholischen Kirche gibt es im Wesentlichen drei Wege, um zur Ehre der Altäre zu gelangen. Zum einen ist da der Tod als Märtyrer und zum anderen die Erreichung eines heroischen Tugendgrades. Unter heroischem Tugendgrad versteht die Kirche, dass ein Kandidat für eine Selig- oder Heiligsprechung die sogenannten theologischen Tugenden des Glaubens, der Hoffnung und der Liebe, die vier Kardinaltugenden der Klugheit, der Gerechtigkeit, der Tapferkeit und der Mäßigung in seinem Leben unter den damals herrschenden Umständen in herausragender Weise gelebt hat. Schließlich ist die dritte Möglichkeit die Hingabe des Lebens. Damit sind Christen gemeint, die aus Nächstenliebe und aus Liebe zu Gott „frei und freiwillig" ihr Leben für andere hingaben.

Es gibt nur wenige Verfahren in der Kirche, die mit einer solchen Akribie durchgeführt werden, wie das für eine Selig- und Heiligsprechung. Das ist auch gut so, denn Fehlurteile kann man sich nicht leisten.

Papst Johannes Paul II. hat das Verfahren mit der Apostolischen Konstitution „Divinus perfectionis Magister" geregelt.[1] Papst Franziskus hat mit dem Apostolischen

Schreiben “Maiorem hac dilectionem” vom 11. Juli 2017[2] Ergänzungen und Änderungen vorgenommen.

Am 12. Oktober 2012 wurde in Mailand auf diözesaner Ebene mit den Vorbereitungen des Seligsprechungsprozesses begonnen, der schließlich am 24. November 2016 abgeschlossen werden konnte. Nach entsprechender Prüfung durch die Kongregation für die Selig- und Heiligsprechungsprozesse unterschrieb Papst Franziskus am 06. Juli 2018 das Dekret zur Anerkennung des heroischen Tugendgrades. Ab diesem Zeitpunkt durfte Carlo Acutis „Ehrwürdiger Diener Gottes“ genannt werden.

Es ist zwar nach der Apostolischen Konstitution „Divinus perfectionis Magister“ nicht mehr vorgeschrieben, aber es ist immer noch üblich, die sterblichen Überreste eines Seligsprechungskandidaten zu exhumieren, um u.a. den Erhaltungszustand des Leichnams zu untersuchen und Körperteile als Reliquien zu entnehmen. Die Kongregation für die Selig- und Heiligsprechungsprozesse hat für solche Fälle die Instruktion „Die Reliquien in der Kirche: Echtheit und Aufbewahrung“ erlassen, die das Verfahren hierzu genau regelt.[3]

Im Herbst 2018 wurde das Grab von Carlo Acutis geöffnet und sein Leichnam exhumiert.

Einer, der dabei war, ist Pfarrer Thomas Skrianz aus Niederösterreich. Er erinnert sich noch sehr genau an diesen Tag:

„Ich war damals noch Kaplan und von meinem Bischof für ein halbes Jahr freigestellt für die geistliche Betreuung der deutschen Schwestern in Assisi. Nachdem ich schon vorher ein leidenschaftlicher Assisi-Pilger war, kam mir diese Abordnung natürlich sehr entgegen. Durch meine Pilgerreisen, aber vor allem

durch die Schwestern wurde ich ganz selbstverständlich mit dem Thema Carlo Acutis konfrontiert und begann, mich immer stärker für ihn zu interessieren. Carlo und ich haben nebenbei bemerkt beide am 03. Mai Geburtstag. Durch meinen halbjährigen Aufenthalt in Assisi ergaben sich auch gute Kontakte zum dortigen Erzbischof Domenico Sorrentino, der übrigens sehr gut deutsch spricht und bei dem ich öfters konzelebriert habe.

Abb. 61: Pfarrer Thomas Skrianz

Den Kontakten habe ich es wohl zu verdanken, dass ich ohne Anmeldung bei der Exhumierung von Carlo Acutis dabei sein durfte. Ich erinnere mich noch sehr genau, dass es ein kalter und nebliger Tag war. Nachdem die Exhumierung öffentlich nicht angekündigt werden durfte, sondern geheim war, kamen nur wenige Menschen auf den Friedhof. Neben den Eltern waren u.a. der Erzbischof, Pater Matteo, einige Reporter, ein bestellter Fotograf und die Arbeiter, die das Grab öffnen sollten, anwesend. Wenn ich mich recht entsinne, nahm auch die Bürgermeisterin von Assisi, Stefania Proietti, an der Exhumierung teil. Eigentlich wollte ich Fotos machen, aber dies wurde mir sofort untersagt und zwar vom Erzbischof persönlich.

Es herrschte eine ruhige, aber dennoch etwas angespannte Stimmung. Niemand wusste so recht, was ihn bei der Öffnung des Grabes erwartete. Es wurde nur wenig gesprochen. Die Eltern machten auf mich einen sehr gefassten Eindruck.

Das Familiengrab war ausgemauert und bestand aus mehreren Grabkammern. Als die erste Grabkammer geöffnet wurde, konnte man in die Tiefe sehen. Die Grabkammer war leer. An diese Grabkammer grenzte links eine Mauer. Sie musste abgetragen werden, um in die danebenliegende Grabkammer von Carlo Acutis zu gelangen. Bereits nach Herausnahme des ersten Steines aus dieser Mauer nahm ich deutlich Verwesungsgeruch wahr, der sich aber im Laufe der Exhumierung wieder verflüchtigte. Als der Sarg zum Vorschein kam, steigerte sich die Spannung. Er war intakt, wurde aus dem Grab gehoben und dann rasch in ein Auto geladen, mit dem er dann weggebracht wurde.

Die gesamte Exhumierung hat gefühlt ca. 30 bis 45 Minuten gedauert.“[4]

Abb. 62: Das Familiengrab Acutis in Assisi

Über den Erhaltungszustand des Leichnams hat es viele Spekulationen gegeben. Es fehlte nicht an Sensationsmeldungen, dass der Leib von Carlo Acutis vollkommen unverwest sei.

Wie schon die obige Zeitzeugenaussage von Pfarrer Thomas Skrianz erahnen lässt, entsprachen solche Meldungen aber nicht den Tatsachen.

Die sterblichen Überreste von Carlo Acutis wurden vom Friedhof in Assisi für einige Zeit in den Kapuzinerkonvent in der Via San Francesco überführt. Die Leiche befand sich – für einen Jungen, der seit etwa zwölf Jahren tot war – im vorhersehbaren Zustand der Verwesung. Man muss dazu bedenken, dass Carlo Acutis in einem Zinksarg beerdigt war, d. h. im Normalfall konnte kein Sauerstoff eindringen und allein dadurch wurde der Verwesungsprozess enorm verlangsamt. Wenngleich der Leichnam noch in einem verhältnismäßig guten Zustand vorgefunden wurde, war ein Erkennen des Gesichtes durch die Verwesung nicht mehr möglich.

Der Leichnam wurde aber während des Aufenthaltes im Kapuzinerkonvent so behandelt, dass er den Pilgern in den Tagen vor und nach der Seligsprechung gezeigt werden konnte. Vor allem wurde dem Körper Wasser entzogen, um den Verwesungsprozess zu stoppen.

Carlo Acutis sollte nach der Untersuchung seiner sterblichen Überreste nicht mehr in sein altes Grab im Friedhof in Assisi zurückkehren, sondern eine neue würdigere Grabstätte erhalten.

Philipp Armbruster aus Berlin war zu dieser Zeit Student und nahm an der Überführung teil:

„Die Überführung der sterblichen Überreste von Carlo Acutis fand an zwei Tagen statt, nämlich am Freitag, dem 05.04.2019, und am Samstag, dem 06.04.2019.

Der Sarg wurde vor der Basilika San Francesco in den bereitstehenden Leichenwagen getragen. Es ist die Kirche, in der der hl. Franziskus begraben liegt.

Das Ziel des ersten Tages war dann die Kathedrale San Rufino. Sie ist die Bischofskirche des Bistums Assisi-Nocera Umbra-Gualdo Tadino.

Abb. 63: Philipp Armbruster

Abb. 64: Abholung des Leichnams

Positiv überrascht war ich, dass der Prozessionszug sehr andächtig motiviert war. Schon vor der Basilika San Francesco wurde nicht viel geredet und auch mit Fotos hielt man sich sehr zurück. Stattdessen wurde gebetet und gesungen. Das waren keine Schaulustigen, sondern Menschen, die wirklich eine Beziehung zu Carlo Acutis hatten.

Abb. 65: Der Prozessionszug

Der Sarg verblieb bis zum nächsten Tag in der Bischofskirche, was den Menschen nochmals die Gelegenheit bot, Carlo Acutis ihre Verehrung zu erweisen.

Abb. 66: Aufgebahrter Sarg in der Kathedrale San Rufino

Nach einer Eucharistiefeier fand am Abend in der Kathedrale eine Jugendvigil statt. Die Kirche war voll und mich beeindruckte allein schon, dass so viele junge Menschen zu dieser Feier kamen. Es war keine Neugier, die sie zur Vigil trieb, sondern der lebendige Glaube und das Interesse an Carlo Acutis."[5]

Auch Pfarrer Thomas Skrianz nahm an der Überführung teil und zwar am zweiten Tag. Er durfte davon einen bleibenden Eindruck mitnehmen:

„Die Übertragung der sterblichen Überreste von Carlo Acutis in die Kirche Santa Maria Maggiore war natürlich in Assisi und in den umliegenden Gegenden groß angekündigt worden. Es sollte ein Triumphzug für Carlo Acutis werden. Dementsprechend kamen sehr viele Menschen nach Assisi, um den Prozessionszug zu begleiten. Darunter befanden sich Bischöfe, Priester, Diakone, sowie sehr viele Ordensleute und Gläubige. Alle wollten sie dabei sein! Der Holzsarg war versiegelt und wurde in den Leichenwagen geladen. Auf dem Sargdeckel war mit Großbuchstaben zum einen der Name ‚CARLO ACUTIS' eingraviert. Zum anderen war neben dem Namen eine Hostie mit ausgehenden Strahlen zu sehen, um die kreisförmig angeordnet ebenfalls mit Großbuchstaben die Worte ‚LA MIA AUTOSTRADA PER IL CIELO' (zu Deutsch: Meine Autobahn zum Himmel) geschrieben standen.

Abb. 67: Der Sarg mit den Inschriften

Der Prozessionszug setzte sich in Bewegung. Mitten unter den Menschen, die den Mercedes-Leichenwagen begleiteten, befanden sich die Eltern. Es war für mich schon sehr bewegend, unter all den Menschen ganz unterschiedlichen Alters sein zu dürfen, die Carlo auf seinem Triumphzug auf der ca. ein Kilometer langen Strecke begleiteten. Ich nahm eine sehr fromme Stimmung wahr. Es wurde viel gebetet und auch gesungen.

Vor Santa Maria Maggiore wurde der Sarg ganz vorsichtig aus dem Leichenwagen gehoben und in die Kirche getragen. Auf ihm lag ein Bund gelber Tulpen. Ich war mir sicher: Hier wird es zur Seligsprechung kommen!“[6]

Das Grabmonument in Santa Maria Maggiore verdient eine eigene Betrachtung. Es ist ausgesprochen gelungen. Der Entwurf stammt vom Grafiker Eraldo Marini in Assisi. Er erzählt selbst, wie es dazu kam und welche Gedanken ihn dabei inspirierten:

„Die Person Carlo Acutis ist vor einigen Jahren fast zufällig in mein Berufsleben getreten. Zu dieser Zeit war Carlos Mutter auf der Suche nach einem professionellen Grafikdesigner im Raum Assisi. In kurzer Zeit wurden wir von der Persönlichkeit Carlos ‚überwältigt‘ …

Unser Team hat sich stark dafür eingesetzt, eine Kommunikation zu schaffen, die für alle bzw. insbesondere für junge Leute geeignet ist. In diesem Zusammenhang wurde zunächst das fast vierhundertseitige Buch ‚LA META‘ ausgearbeitet, das reich an lebendigen Farben, Formen und Abbildungen ist.

Von da an war es ein stetiges Crescendo und man konnte in unserem Atelier ‚Studio‘ die Anwesenheit von Carlo fast spüren.

Was stellt die Figur von Carlo für mich dar? Ein ganz normaler Junge, der gleichzeitig so außergewöhnlich ist. Eine Person, die als Vorbild galt; ein Junge, der in dieser Welt der ‚Nachahmungen' mit seinem Herz und mit seiner Seele denken konnte.

Eines Tages wurde ich unerwartet von seinen Eltern gebeten, über Carlos Grabdenkmal nachzudenken!

In den ersten Augenblicken hatte ich das Gefühl, als würde mir die Luft wegbleiben, als hätte ich nie ein Projekt gemacht.

Nach ein paar Augenblicken wurde mir klar, dass dieser Auftrag von einer Kraft kam, die nicht von dieser Erde war. Also habe ich es verstanden, gewiss und ich sagte: ‚Ja, ich versuche es.' *Ich ging mit einem Bleistift und einem Notizbuch zum Heiligtum der Entkleidung* (Anmerkung: Diese Bezeichnung bezieht sich auf Franz von Assisi, vgl. auch Kapitel „Die Heiligen und Engel im Leben von Carlo"), *es war niemand da.*

Nach fünf Minuten Sitzen skizzierte meine Hand die Grundidee in zehn Minuten! Ich stellte mir einen großen trapezförmigen Sarkophag aus rosa Assisi-Stein vor, der zerrissen und von einer göttlichen Kraft nach oben getragen werden würde, hinter dem sich ein großes Mosaik befindet.

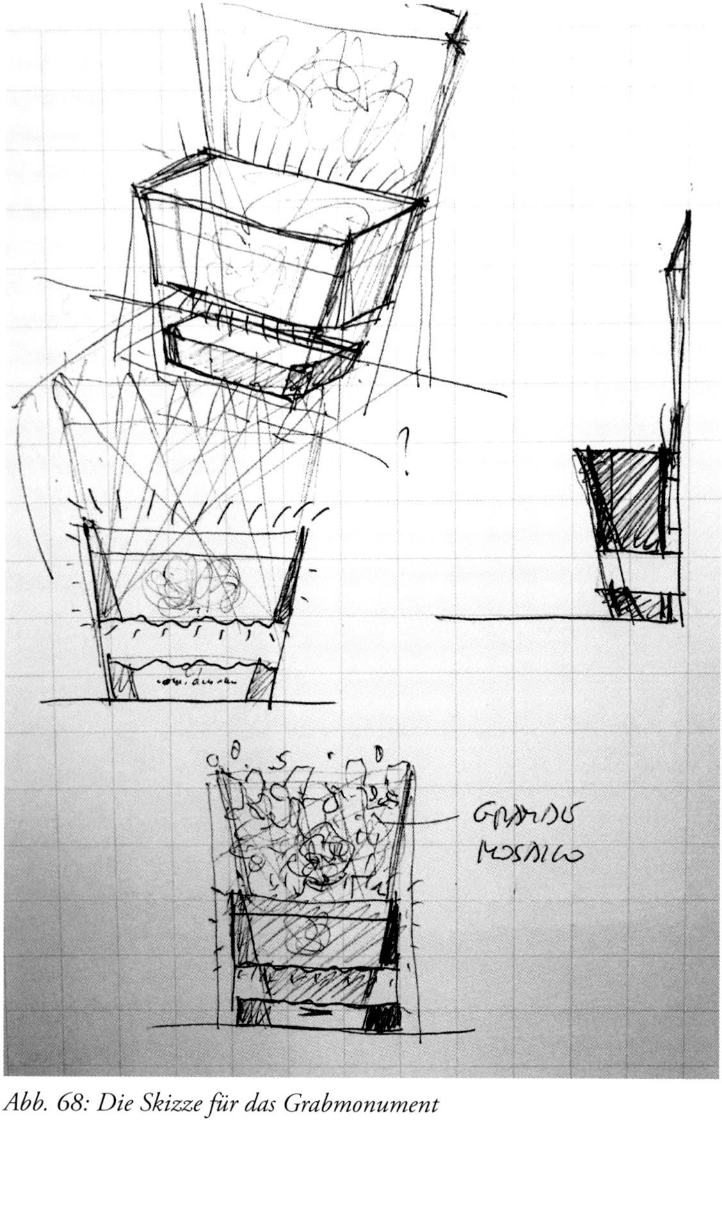

Abb. 68: Die Skizze für das Grabmonument

Abb. 69: Grabmonument

Es wurde von Flachreliefkacheln aus hellem Stein geformt und erzählte kurz das Leben von Carlo.

Abb. 70 und 71: Flachreliefkacheln aus dem Leben von Carlo

Das dritte Grundelement ‚das Licht', das sich hinter dem Sarkophag befindet, erzeugt einen ‚Suspensionseffekt' und lässt Sie die Fliesen lesen.

Die Arbeit dauerte 1 ½ Jahre, es war nicht einfach, aber mit dem ausgezeichneten Team von Mitarbeitern haben wir es ge-

schafft, die Arbeit … abzuschließen … Seine Form und sein Licht machen es ‚originell' wie Carlo."[7]

Für eine Seligsprechung aufgrund eines heroischen Tugendgrades ist im Unterschied zum Martyrium noch ein anerkanntes Wunder erforderlich, das meistens medizinischer Art ist. Es ist gleichsam die Bestätigung des Himmels.

Im Falle von Carlo Acutis anerkannte Papst Franziskus am 21. Februar 2020 nach vorherigen eingehenden medizinischen Untersuchungen die Heilung eines 6jährigen brasilianischen Jungen im Jahr 2013 an. Matheus, wie er heißt, litt an einer ausgesprochen seltenen Fehlbildung der Bauchspeicheldrüse. Diese Krankheit hätte letztendlich zum Tode geführt. Luciana Vianna, die Mutter, betete viel für die Heilung ihres sterbenskranken Sohnes. Neun Kilogramm wog er nur noch, als er 3 ½ Jahre alt war. Nach fast jedem Essen musste er erbrechen.

Padre Marcelo Tenorio erhielt bei seinem Besuch in Assisi aus den Händen von Carlos Mutter ein Stück des Ärmels von Carlos Pullover. Dieses nahm er nach Brasilien mit.

Als das Pulloverteil nach seiner Rückkehr in einer Kirche in Campo Grande ausgestellt war, durfte auch Matheus davor stehen. Dabei wünschte er sich, nicht mehr erbrechen zu müssen.

Die Heilung geschah, und der kleine Matheus fühlte, dass er geheilt war. Er äußerte Hunger und aß dann einen Teller Reis mit Bohnen und Pommes. Er musste nichts davon erbrechen und auch in der Folgezeit war die Verdauung ganz normal. Schließlich wurde die Heilung medizinisch als nicht erklärbar bestätigt.

Mit der Anerkennung dieses Wunders war der Weg für die Seligsprechung frei. Am 22. Februar 2020, einen Tag nach der Ankündigung der Seligsprechung durch den Vatikan, sagte die Mutter von Carlo gegenüber dem „National Catholic Register" in einem Telefoninterview:

„Wir sind sehr froh über die Nachricht der Seligsprechung, aber ehrlich gesagt, haben wir dies erwartet. Vor ein paar Jahren hatte ich einen Traum von Carlo, der mir sagte: ‚Ich werde seliggesprochen und bald danach heiliggesprochen werden.' Als er schon im Sterben lag, träumte ich vom Heiligen Franz von Assisi – dem Schutzpatron unserer Familie – der sagte: ‚Ihr Sohn Carlo wird sehr bald sterben – aber er wird in der Kirche sehr angesehen sein.' Dann sah ich Carlo in einer sehr großen Kirche hoch oben in der Nähe der Decke und ich habe das damals nicht verstanden. Jetzt verstehe ich das natürlich. Sein Tod, seine Krankheit, sein kurzes Leben – das alles war Gottes Plan. Gott hatte Carlo als Beispiel für die Jugendlichen in diesem Abschnitt der Geschichte erwählt."[8]

Für die Heiligsprechung bedurfte es eines erneuten Wunders, das sich aber nach der Seligsprechung ereignet haben musste. Papst Franziskus anerkannte im Mai 2024 die Heilung einer jungen Frau aus Costa Rica, die in Italien studiert, als solches an. Aufgrund eines Schädel-Hirn-Traumas nach einem Unfall sei sie operiert worden. Ihre Mutter habe Carlo Acutis um Fürsprache angerufen, worauf die junge Frau auf medizinisch unerklärbare Weise geheilt worden sei.[9]

11 Die Feiern der Selig- und Heiligsprechung

Für die Feier der Seligsprechung war eigentlich bereits ein früheres Datum ins Auge gefasst worden, aber dieser Termin konnte durch die Cornona-Pandemie nicht gehalten werden. Schließlich wurde der 10. Oktober 2020 festgelegt.

Abb. 72: Plakat zur Seligsprechung

Die Organisatoren stellten für die Tage vor und nach der Seligsprechung ein umfangreiches Rahmenprogramm auf die Beine.

Am 01. Oktober 2020 wurde im Anschluss an die hl. Messe ein Teil der Verkleidung im vorderen Bereich des Grabmonuments abgenommen. Eine dahinterliegende Glasscheibe erlaubt die Sicht auf den Leichnam.

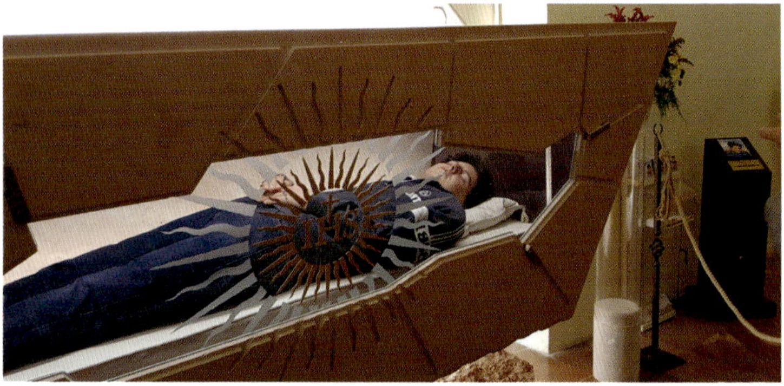

Abb. 73: Blick auf den Leichnam im Grabmonument

Auch jetzt gab es sofort wieder Berichte in Medien, dass der Leichnam unverwest sei. Diese Berichte wurden aber von offizieller Seite rasch dementiert. Die Wahrheit ist, dass der durchaus im Verwesungsprozess veränderte Leichnam mit den heutigen technischen Möglichkeiten nicht zuletzt unter Verwendung von Silikon so restauriert wurde, dass er den Gläubigen zur Verehrung präsentiert werden konnte. Erzbischof Domenico Sorrentino sprach in diesem Zusammenhang davon, dass der Leichnam von Carlo Acutis „mit Kunst und Liebe wieder zusammengefügt wurde“.[1]

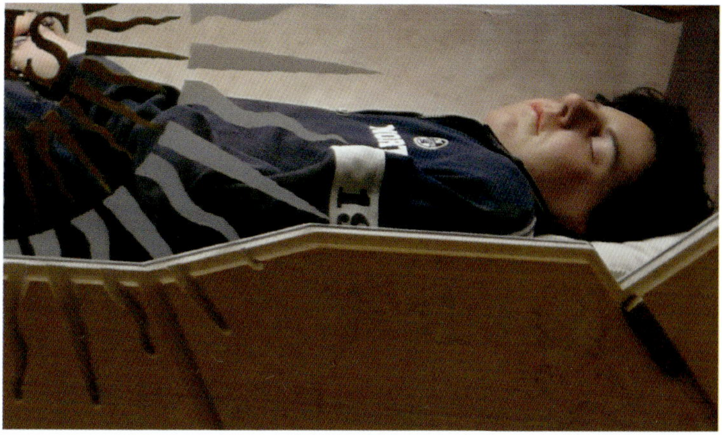

Abb. 74: Wiederhergestelltes Gesicht von Carlo Acutis

Am 3. Oktober 2020 kamen die Bischöfe der Region Marken nach Assisi. Sie besuchten das Grabmonument, um Carlo Acutis zu verehren, der eine Woche später seliggesprochen werden sollte.

Abb. 75: Die Bischöfe am Grab

„Carlo und Assisi: Zeugnis und Reiseroute auf den Spuren des jungen Acutis“, so hieß die Veranstaltung am 05. Oktober 2020, an der die Bürgermeisterin von Assisi, Stefania Proietti, Antonia Salzano und einige Freunde und Bekannte von Carlo teilnahmen.

Abb. 76: „Carlo und Assisi: Zeugnis und Reiseroute auf den Spuren des jungen Acutis“ am 5. Oktober 2020

Ein deutscher Priester, der sich bereits einige Tage vor der Seligsprechung in Assisi aufhielt, schilderte seine Eindrücke vom Leben in der Stadt:

„In den Tagen vor der Seligsprechung kamen wegen Corona nur wenige Touristen nach Assisi. Ich selbst hatte die Stadt noch nie so ruhig erlebt.

Trotzdem zogen am Grab von Carlo Acutis von morgens bis abends Menschen vorbei, um einen Blick auf den Leichnam des Jungen zu werfen, von dem ganz Assisi spricht und der inzwischen auch weit über Italien hinaus bekannt ist. Vom kleinen Kind bis zum Greis war alles dabei.

In Assisi sind an zahlreichen Stellen Ständer mit dem Foto von Carlo aufgestellt, die auch seine enge Verbindung zur Eucharistie zeigen.

Abb. 77 und 78: Menschen ziehen am Grab vorbei; Ständer mit dem Foto von Carlo.

In vielen Kirchen besteht derzeit die Möglichkeit der Anbetung.

Mir selbst ist es leider nicht mehr gelungen, eine Karte für die Feier der Seligsprechung zu bekommen.

Trotzdem ließ ich es mir nicht nehmen, die Stimmung in den Straßen von Assisi wenige Stunden vor der Seligsprechung einzufangen.

Strahlenden Sonnenschein hatte der Himmel für das Großereignis nach Assisi geschickt. Und an diesem Samstag sah die Situation in der Stadt insgesamt schon ganz anders aus als während der Woche.

Viele Pilgerinnen und Pilger waren angereist, um der Seligsprechung beizuwohnen. Darunter befanden sich viele begeisterte Jugendgruppen.

Abb. 79: Viele begeisterte Pilgerinnen und Pilger kamen zur Seligsprechung nach Assisi.

Vor Santa Maria Maggiore bildeten sich Menschenschlangen, die darauf warteten, das Grab von Carlo Acutis sehen zu dürfen

Abb. 80: Menschenschlangen warten auf den Besuch des Grabes von Carlo Acutis in Santa Maria Maggiore.

Ich konnte förmlich spüren, dass hier in Assisi ein Fest des Glaubens stattfand.“

Wer nicht das Glück hatte, direkt eine Zutrittskarte für die Basilika zu erhalten, konnte die Feier der Seligsprechung trotzdem miterleben, und zwar waren an mehreren Stellen in der Stadt Großleinwände aufgebaut, so zum Beispiel auch vor Santa Maria degli Angeli. Es herrschte Feststimmung. Aber auch hier waren entsprechende Zutrittskarten erforderlich (s. Abb. 82).

Abb. 81: Viele Menschen verfolgten vor Santa Maria degli Angeli die Seligsprechung an der Großleinwand.

Selbstverständlich ließ sich auch EWTN die Chance auf eine Liveübertragung nicht entgehen. Und so gelangte dieses Megaereignis katholischen Glaubens auch auf andere Kontinente.

Abb. 82: Zutrittskarten für die Großleinwand vor S. Maria degli Angeli

Abb. 83: Auch EWTN übertrug die Seligsprechung.

Samstag, 10. Oktober 2020, 16.30 Uhr! Die Feier der Seligsprechung begann in der Basilika superiore di San Francesco in Assisi.

Die Kirche und der Platz davor waren bis auf den letzten Platz gefüllt, soweit dies unter Beachtung der Corona-Regelungen möglich war.

Pünktlich um 16.30 Uhr zog ein langer Zug von Kardinälen, Bischöfen, Priestern, Diakonen in die weltberühmte Basilika ein. Die hl. Messe wurde von Kardinal Agostino Vallini geleitet.

Abb. 84: Einzug in die Basilika

Abb. 85: Einzug in die Basilika

Gleich in der ersten Reihe saßen die Eltern mit ihren beiden Kindern. Was die Familie wohl in dieser Stunde empfunden haben mag, als ihr Sohn bzw. Bruder zur Ehre der Altäre erhoben wurde?

Vor dem Gloria vollzog sich der Akt der Seligsprechung. Es war schon ein erhebender Moment, als Erzbischof Domenico Sorrentino dem Kardinal die Bitte um Seligsprechung von Carlo Acutis vortrug:

„Hochwürdigste Eminenz, die Kirche von Assisi-Nocera Umbra-Gualdo Tadino hat Papst Franziskus demütig gebeten, den Ehrwürdigen Diener Gottes Carlo Acutis in die Schar der Seligen aufzunehmen."

Nach einem kurzen Lebensrückblick verlas Kardinal Agostino Vallini als Vertreter des Heiligen Vaters nun das Apostolische Schreiben von Papst Franziskus vom 10. September 2020:

Apostolisches Schreiben

Indem wir dem Wunsch unseres Bruders im Bischofsamt, Domenico Sorrentino, Erzbischof von Assisi-Nocera Umbra-Gualdo Tadino, vieler anderer Brüder im Bischofsamt sowie zahlreicher Christgläubiger nachkommen, und nach Beratung mit der Kongregation für die Selig- und Heiligsprechungsprozesse, gestatten wir dank unserer Apostolischen Autorität, dass der Ehrwürdige Diener Gottes, Carlo Acutis, ein Laie, der mit jugendlichem Enthusiasmus die Freundschaft mit Jesus gepflegt hat, indem er die Eucharistie und das Zeugnis der Nächstenliebe zum Mittelpunkt seines Lebens machte, künftig Seliger genannt wird und jedes Jahr am 12. Oktober, seinem Todestag, sein Fest gefeiert wird nach Maßgabe des

Gesetzes und der hierfür vorgesehenen Orte und in entsprechender Weise. Im Namen des Vaters und des Sohnes und des Heiligen Geistes.

Amen ... Franziskus

Lettera Apostolica

Noi, accogliendo il desiderio del Nostro Fratello
Domenico Sorrentino, Arcivescovo-Vescovo
di Assisi-Nocera Umbra- Gualdo Tadino,
di molti altri Fratelli nell'Episcopato
e di molti fedeli,
dopo aver avuto il parere
della Congregazione delle Cause dei Santi,
con la Nostra Autorità Apostolica
concediamo che
il Venerabile Servo di Dio
Carlo Acutis, Laico,
che, con l'entusiasmo della giovinezza,
coltivò l'amicizia con il Signore Gesù,
mettendo l'Eucaristia e la testimonianza della carità
al centro della propria vita,
d'ora in poi sia chiamato Beato
e che sia celebrato ogni anno
nei luoghi e secondo le regole stabilite dal diritto,
il 12 ottobre
giorno della sua nascita al cielo.
Nel nome del Padre, e del Figlio,
e dello Spirito Santo.
Amen.
Dato a Roma, il 10 Settembre
dell'anno del Signore 2020
ottavo del Nostro Pontificato
Francesco

Abb. 86: Apostolisches Schreiben von Papst Franziskus

Abb. 87: Bekanntgabe des Apostolischen Schreibens von Papst Franziskus durch Kardinal Vallini

Unter dem Gesang des Chores und dem Spiel der Orgel brandete in der ganzen Basilika großer Beifall auf, als danach das Bild des neuen Seligen langsam enthüllt wurde.

Abb. 88: Das Bild des neuen Seligen ist enthüllt

Im Anschluss daran wurde von Bruder Thomas Freidel, Franziskaner-Minorit und Pilgerseelsorger an der Basilika San Francesco, eine Reliquie von Carlo Acutis durch den Mittelgang der Kirche zum Altar getragen. Dahinter folgten ihm die Eltern. Kardinal Vallini nahm die Reliquie in Empfang und trug sie zu einem kleinen Podest. Bei der Reliquie handelte es sich um das Herz des neuen Seligen.

Abb. 89: Bruder Thomas trägt die Reliquie durch den Mittelgang zum Altar, dahinter die Eltern von Carlo.

Bewegend war die anschließende Umarmung der Mutter und des Vaters durch Kardinal Vallini.

Abb. 90: Umarmung der Eltern durch Kardinal Vallini

Die Reliquie wurde danach beweihräuchert.

Abb. 91: Beweihräucherung der Reliquie

Nun war es also Wirklichkeit geworden. Carlo Acutis wurde mit der eindrucksvollen Messe in der Basilika zur Ehre der Altäre erhoben.

Eine Augenzeugin der Seligsprechung war Regina Maria Stellner, Lehrerin aus Vaterstetten:

„Seit ich das erste Mal ein Bild von Carlo Acutis sah, lässt er mich irgendwie nicht mehr los. Vor ein paar Jahren drückte mir eine Bekannte dieses Bild von ihm in die Hand und ich war sofort von dem Leuchten berührt, das von ihm ausgeht. Damals schrieb ich gerade die letzten Kapitel meines Buches über die Heilige Messe und es war zu spät, Carlo mehr Raum darin zu widmen, doch nicht zu spät, um wenigstens eines seiner Zitate einzubauen. Seine ***Bezeichnung der Eucharistie als ‚Autobahn zum Himmel' ist in meinen Augen einer der schönsten Vergleiche*** *für die Bedeutung der Heiligen Messe.*

Abb. 92: Regina Maria Stellner

Als ich vor ein paar Monaten hörte, dass er seliggesprochen werden sollte, stand für mich fest: Da muss ich hin! Doch ich wusste nicht, wie, da ich mir so eine lange Autofahrt alleine nicht zutraute. So bat ich Gott, mir jemanden zu schicken, der mit mir zusammenfahren wollte – wenn es denn wirklich sein sollte, dass ich an der Feier teilnahm.

Und scheinbar sollte es sein, denn am 04. Oktober, dem Fest des heiligen Franz von Assisi, traf ich eine Freundin, die mir von einer Fahrt nach Assisi am kommenden Wochenende er-

zählte. Als sie dann auch noch fragte, ob ich mit ihr zusammen hinfahren wolle, gab es für mich kein Überlegen mehr.

So kam es, dass ich an diesem besonderen Ereignis tatsächlich vor Ort sein durfte. Bei der Reise spürten wir von Anfang an einen ganz besonderen Segen und es war, als würden sich uns alle Türen auftun, wohin wir auch gingen.

Obwohl wir keine Platzkarten hatten, durften wir auf der Wiese vor der Basilika sein und auf einer großen Leinwand mitverfolgen, was in der Kirche geschah. Wir hörten die Reden über Carlo, sahen seine Familie, die ganz vorne saß und verfolgten bewegt, wie der Bischof die Worte zur Seligsprechung las. Besonders ergreifend war der Augenblick, als das Tuch auf dem Bild langsam nach unten glitt und das Gesicht von Carlo Stück für Stück enthüllte. Da brach ein Applaus aus, der vom Inneren der Kirche nach draußen drang und auch uns am äußeren Rand der Wiese ansteckte.

Ein Reporter fragte uns, was wir an Carlo so toll fänden. Meine Antwort kam ganz spontan: ‚Er ist ein wunderbarer Mensch, der ganz von Liebe erfüllt ist. Und wenn ich ihn anschaue, dann bin ich glücklich.'

Seit dieser Reise ist das Bild von Carlo das Hintergrundbild auf meinem Laptop und immer, wenn mein Blick darauf fällt, habe ich das Gefühl, dass alles gut werden wird in meinem Leben.

Ich bin fest überzeugt davon, dass wir in ihm ein großes Vorbild haben, einen tollen Seligen, der viel für uns tun kann – und der uns vor allem dabei helfen kann, immer offener für die Liebe Gottes zu werden."[2]

Auch Pfarrer Tobias Brantl aus Kempten war einer, der die Ereignisse in diesen Tagen in Assisi live miterlebt hatte. Er reiste eigens mit einer Pilgergruppe zur Seligsprechung an. Seine Erlebnisse haben einen tiefen Eindruck in ihm hinterlassen:

„Ich spüre sehr genau, dass die entschiedene Haltung von Carlo Acutis viele Menschen anspricht und begeistert, vielleicht auch deshalb, weil er nicht ein Glaubenszeuge aus früheren Jahrhunderten ist, sondern mitten aus unserer Zeit. Gerade junge Menschen erlebe ich hier, wie sie sich von seinem Leben regelrecht berühren lassen.

Eines bleibt mir von der Seligsprechungsfeier ganz besonders in Erinnerung, und zwar der Moment, als das Herz von Carlo zum Altar gebracht wurde und die Eltern diesen Weg direkt hinter der Reliquie mitgingen. Was muss das namentlich für die Mutter für ein Gefühl gewesen sein?

Als dann gleich anschließend Kardinal Vallini erst die Mutter und dann den Vater umarmte, da ahnte ich, dass auch sie ihren Anteil am Werk ihres Sohnes hatten. Sie haben Carlo in jeder Hinsicht unterstützt und manches wäre ohne sie kaum denkbar gewesen, allein wenn man an die Arbeit für die Ausstellung über eucharistische Wunder denkt.

Das herrliche Wetter bei der Seligsprechung war ein Geschenk des Himmels. Es war ein Tag des Jubels und der Danksagung.

Mögen Leben und Werk von Carlo Acutis Frucht bringen, das ist es, was ich uns wünsche.“[3]

Abb. 93: Pfarrer Tobias Brantl (2.v.r.) mit seiner Pilgergruppe

Am 07. September 2025 wird Papst Leo XIV. den jungen Italiener auf dem Petersplatz heiligsprechen.

Das Werk von Carlo Acutis trägt bereits Früchte und das nicht nur durch seine Ausstellung über eucharistische Wunder. Ein Beispiel sei hierfür genannt:

Juan Manuel Cotelo ist spanischer Journalist, Regisseur, Drehbuchautor, Produzent und Schauspieler. Er ist gleichzeitig Mitglied der Akademie der Künste und Filmwissenschaften in Spanien, sowie bekennender und praktizierender Katholik.

Abb. 94: Juan Manuel Cotelo

Berühmt wurde er zum einen vor allem als Regisseur des Kinofilmes ‚Mary's Land', der in 32 Ländern gezeigt wurde und Bekehrungen durch Maria rund um den Globus zum Thema hat. Die Frage, die dem Zuschauer gestellt wird, ist: ‚Wenn es Gott wirklich gibt, welche Auswirkungen hat das auf mein Leben?' Zum anderen produzierte er den Kinofilm ‚Das größte Geschenk', der von unglaublichen, aber wahren Geschichten der Vergebung und Versöhnung handelt.

Cotelo brachte auch eine Videoreihe mit Kinderkatechesen heraus. Diese Katechesen stellte er ganz bewusst unter das Patronat von Carlo Acutis. In einer Mail an den Autor begründete Cotelo seine Entscheidung:

„Carlo Acutis ist ein Junge, der allen gegenüber herzlich, freundlich und liebenswürdig war, besonders Kindern gegenüber. Er ist ein Jugendlicher, mit dem sich jeder junge Mensch des 21. Jahrhunderts identifizieren kann. Wir haben ihn als Freund und Beschützer der Kinder, die dem KathoQuiz folgen, ausgewählt, weil er die Eucharistie liebte und weil er das Internet und die sozialen Netzwerke nutzte, um die Liebe Jesu Christi zu verbreiten. Also ganz im Geist und im Stil des KathoQuiz, das durch das Internet in einer einfachen und unterhaltsamen Sprache die ganze Welt erreicht, geeignet für Kinder, aber auch für ihre Eltern.

Wir bitten Carlo, uns zu helfen, über die Autobahn der Eucharistie, wie er dieses Sakrament nannte, in den Himmel zu kommen. Und wir bitten ihn, uns die Kraft zu geben, dass wir niemals unser Seelenheil aufs Spiel setzen, unsere Seele niemals gegen ein falsches Glück eintauschen. Carlo Acutis sagte auch: ‚Die Unendlichkeit ist unsere Heimat'. Unsere Stiftung heißt INFINITO + 1 (zu dt. = Unendlich plus eins).

Carlo wird also sicher gerne unser Beschützer sein und sich bei uns wie zu Hause fühlen."

Den künftigen Heiligen unserer Kirche am Ende dieses Buches abschließend zu würdigen, soll nicht dem Autor zukommen, sondern dem Bischof von Passau und Vorsitzenden der Jugendkommission der Deutschen Bischofskonferenz, Dr. Stefan Oster, der aus dem Orden der Salesianer Don Boscos (SDB) kommt:

„Was für ein beeindruckender Jugendlicher: Carlo Acutis lebte wie ein normaler junger Bursche mitten in der Welt von heute, mit völlig normalen Interessen: Freundschaften, Sport, Computer. Und zugleich liebte er Jesus, die Eucharistie und den Rosenkranz - und die Armen. Eines seiner Vorbilder war der Hl. Dominikus Savio, ein Schüler meines Ordensvaters Don Bosco. Auch er ist mit knapp 15 Jahren verstorben. Ich bin sicher: Die beiden sind im Himmel große Freunde."[4]

Abb. 95: Dr. Stefan Oster SDB, Bischof von Passau

Literaturverzeichnis

Gori, Nicola: Die Eucharistie, Mein Weg zum Himmel, Biografie von Carlo Acutis, 3. Auflage der deutschsprachigen Ausgabe, Media Maria Verlag, Illertissen, 2024

Gori, Nicola: UN GENIO DELL'INFORMATICA IN CIELO. Biografia del Servo di Dio Carlo Acutis, Liberia Editrice Vaticana

Filler, Ulrich: Liturgie. Das Herz der Kirche, 1. Auflage, fe-medienverlags GmbH, 2002

Haesle, Maria: Eucharistische Wunder aus aller Welt, 9. Auflage, Christiana-Verlag, 2016

Hesemann, Michael: Menetekel. Prophezeiungen, Visionen, blutende Hostien, Bonifatius GmbH, 2017

Katechismus der Katholischen Kirche (KKK), Oldenbourg Benno Paulusverlag Veritas

Koros, Peter, Ljubicic, Petar, von Stockhausen, Dietrich: Tut dies zu meinem Gedächtnis. Die Heilige Messe (k)ein Geheimnis?, 1. Auflage, Bücher, Devotionalien, Pilgerreisen Peter Koros, 2006

Occhetta, Francesco: Carlo Acutis. Diener Gottes. Leben – Grenzenlos, 1. Auflage, Editrice VELAR, 2018

Salzano Acutis, Antonia und Rodari, Paolo: Das Geheimnis meines Sohnes, Warum Carlo Acutis als Heiliger verehrt wird, 2. Auflage der deutschsprachigen Ausgabe, fe-Medienverlags GmbH, Kißlegg, 2023

Sammaciccia, Bruno: Das Eucharistie-Wunder von Lanciano, 2. Auflage, Parvis-Verlag, 1992

Literatur aus Internetseiten findet sich in den Anmerkungen.

Anmerkungen

Kindheit in London und Mailand

1 https://stswithuns.org.uk/Blog-27012019, abgegriffen am 25.08.2020

2 https://www.katholisch.at/aktuelles/131903/biograf-polnische-babysitterin-lehrte-seligem-carlo-acutis-beten, abgegriffen am 04.11.2020

3 https://stswithuns.org.uk/Blog-27012019, abgegriffen am 25.08.2020

4 https://de.clonline.org/news/kirche/2014/02/20/carlo-acutis-man-braucht-nur-aufzuschauen, abgegriffen am 21.08.2020

5 https://www.gotteskinder.net/carlo-acutis, abgegriffen am 14.07.2020

6 Salzano Acutis, Antonia und Rodari, Paolo: Das Geheimnis meines Sohnes, S. 119

Seine unerschöpfliche Kraftquelle – die Eucharistie

1 II. Vatikanisches Konzil, Dogmatische Konstitution über die Kirche Lumen gentium, 11, http://www.vatican.va/archive/hist_councils/ii_vatican_council/documents/vat-ii_const_19641121_lumen-gentium_ge.html, abgegriffen am 21.08.2020

2 Katechismus der Katholischen Kirche (KKK), 1324

3 Papst Johannes Paul II.: Enzyklika “Ecclesia de Eucharistia” vom 17.04.2003, 3, http://www.vatican.va/content/john-paul-ii/de/encyclicals/documents/hf_jp-ii_enc_20030417_eccl-de-euch.html, abgegriffen am 25.07.2020

4 ders., 15

5 ders., 11

6 http://www.carloacutis.com/de/association/presentazione, abgegriffen am 21.08.2020

7 https://www.yumpu.com/de/document/read/62733022/carlo-acutis, abgegriffen am 15.07.2020

8 ders.

9 https://www.gotteskinder.net/carlo-acutis, abgegriffen am 14.07.2020

10 http://w2.vatican.va/content/francesco/de/cotidie/2018/documents/papa-francesco-cotidie_20180205_das-anbeten-lernen.html, abgegriffen am 15.07.2020

11 https://www.yumpu.com/de/document/read/62733022/carlo-acutis, abgegriffen am 15.07.2020

12 Interview des Autors mit Frau Antonia Salzano vom 02.09.2021

13 https://www.yumpu.com/de/document/read/62733022/carlo-acutis, abgegriffen am 15.07.2020

14 ders.

15 ders.

16 ders.

17 ders.

18 Gori, Nicola: Die Eucharistie, Mein Weg zum Himmel, S. 113

Die große Liebe zu einer Frau

1 https://www.yumpu.com/de/document/read/62733022/carlo-acutis, abgegriffen am 15.07.2020

2 http://santacroceassisi.com/wcms/ftp//s/santacroceassisi.com/uploads/carlo-acutis.pdf, abgegriffen am 21.08.2020

Die Heiligen und Engel im Leben von Carlo

1 KKK, 328

Gelebte Nächstenliebe

1 Leppich, Johannes: Christus auf der Reeperbahn, S. 157-158

2 https://hausderbegegnung.or.at/seliger-des-monats-mai-2021-sel-carlo-acutis_25959/, abgegriffen am 03.08.2021

3 https://stswithuns.org.uk/Blog-27012019, abgegriffen am

25.08.2020

4 Zeitzeugenaussage von Pater Roberto Gazzaniga SJ vom 22.08.2020 (Mail an den Autor)

5 https://www.yumpu.com/de/document/read/62733022/carlo-acutis, abgegriffen am 15.07.2020

6 https://gloria.tv/post/qtMbKX7ux68f3AmR3M9mjmWML, abgegriffen am 06.10.2020

Normal und doch ungewöhnlich

1 https://www.ncregister.com/daily-news/mother-of-soon-to-be-blessed-carlo-acutis-jesus-was-his-first-priority, abgegriffen am 18.07.2020

2 https://www.gotteskinder.net/carlo-acutis, abgegriffen am 14.07.2020

3 https://www.yumpu.com/de/document/read/62733022/carlo-acutis, abgegriffen am 15.07.2020

4 ders.

5 Zeitzeugenaussage von Pater Roberto Gazzaniga vom 22.08.2020 (Mail an den Autor)

6 https://youtu.be/44uSvPaPp3U, abgegriffen am 03.08.2021

Missionierung mit dem PC

1 http://www.archivioradiovaticana.va/storico/2014/01/23/papstbotschaft_f%C3%BCr_eine_kultur_der_begegnung/ted-766488, abgegriffen am 21.08.2020

2 Aisslinger, Moritz: Ein guter Junge, in „DIE ZEIT" Nr. 27 vom 01.07.2021, S. 13 ff.

3 Interview des Autors mit Frau Antonia Salzano vom 02.09.2021

Die Ausstellung über eucharistische Wunder – sein größtes Vermächtnis

1 Papst Paul VI.: Enzyklika „Mysterium fidei“ vom 15.09.1964, http://www.vatican.va/content/paul-vi/de/encyclicals/documents/hf_p-vi_enc_03091965_mysterium.html, abgegriffen am 15.07.2020

2 Papst Johannes Paul II.: Enzyklika “Ecclesia de Eucharistia” vom 17.04.2003, http://www.vatican.va/content/john-paul-ii/de/encyclicals/documents/hf_jp-ii_enc_20030417_eccl-de-euch.html, abgegriffen am 25.07.2020

3 Sammaciccia, Bruno: Das Eucharistie-Wunder von Lanciano, 2. Auflage, Parvis-Verlag, S. 57-58

4 vgl. Hesemann, Michael: Mentekel, Prophezeiungen, Visionen, Blutende Hostien, Bonfatius GmbH, S. 274

5 https://de.clonline.org/news/kirche/2014/02/20/carlo-acutis-man-braucht-nur-aufzuschauen, abgegriffen am 21.08.2020

6 Zeitzeugenaussage von Luis Alberto Sánchez Serrano vom August 2020

7 ders.

8 ders.

9 Zeitzeugenaussage von Vikar Philipp Isenegger, Zürich, vom 21.07.2020

Krankheit, Tod, Beisetzung

1 http://www.kathpedia.com/index.php?title=Carlo_Acutis, abgegriffen am 15.07.2020

2 Salzano Acutis, Antonia, und Rodari, Paolo: Das Geheimnis meines Sohnes, S. 13

3 https://de.clonline.org/news/kirche/2014/02/20/carlo-acutis-man-braucht-nur-aufzuschauen, abgegriffen am 21.08.2020

4 https://aleteia.org/2019/05/12/the-mother-of-venerable-carlo-acutis-says-he-was-her-little-savior/, abgegriffen am 02.07.2020

5 Interview des Autors mit Frau Antonia Salzano vom 02.09.2021

6 https://de.clonline.org/news/kirche/2014/02/20/carlo-acutis-man-braucht-nur-aufzuschauen, abgegriffen am 21.08.2020

7 https://de.catholicnewsagency.com/story/die-arzte-des-seligen-carlo-acutis-7122, abgegriffen am 03.08.2021

8 ders.

9 https://youtu.be/44uSvPaPp3U, abgegriffen am 03.08.2021

10 Salzano Acutis, Antonia, und Rodari, Paolo: Das Geheimnis meines Sohnes, S. 53

11 ders.

12 https://de.clonline.org/news/kirche/2014/02/20/carlo-acutis-man-braucht-nur-aufzuschauen, abgegriffen am 21.08.2020

13 Zeitzeugenaussage von Pater Roberto Gazzaniga SJ vom 23.08.2020 (Mail an den Autor)

Selig- und Heiligsprechungsverfahren

1 Papst Johannes Paul II.: Apostolische Konstitution „Divinus perfectionis Magister“ vom 25.01.1983, http://www.vatican.va/content/john-paul-ii/de/apost_constitutions/documents/hf_jp-ii_apc_25011983_divinus-perfectionis-magister.html, abgegriffen am 15.07.2020

2 Papst Franziskus: Apostolisches Schreiben “Maiorem hac dilectionem” vom 11.07.2017, https://press.vatican.va/content/salastampa/it/bollettino/pubblico/2017/07/11/0484/01075.html#lti, abgegriffen am 08.10.2020

3 Kongregation für die Selig- und Heiligsprechungsprozesse: Instruktion „Die Reliquien in der Kirche: Echtheit und Aufbewahrung“ vom 08.12.2017, http://www.vatican.va/roman_curia/congregations/csaints/documents/rc_con_csaints_doc_20171208_istruzione-reliquie_ge.html, abgegriffen am 15.07.2020

4 Zeitzeugenaussage von Pfarrer Thomas Skrianz vom 13.07.2020

5 Zeitzeugenaussage von Philipp Armbruster vom 17.07.2020

6 Zeitzeugenaussage von Pfarrer Thomas Skrianz vom 13.07.2020

7 Zeitzeugenaussage von Eraldo Marini vom 04.08.2020 (Mail an den Autor)

8 https://de.catholicnewsagency.com/story/mutter-des-zukunftigen-seligen-carlo-acutis-spricht-uber-details-aus-seinem-leben-5837, abgegriffen am 25.08.2020

9 Die Tagespost vom 24.05.2024

Die Feiern der Selig- und Heiligsprechung

1 https://www.katholisch.de/artikel/27163-carlo-acutis-wird-ein-seliger-kult-um-15-jaehrigen-sorgt-fuer-aufsehen, abgegriffen am 16.10.2020

2 Zeitzeugenaussage von Regina Maria Stellner, Vaterstetten

3 Zeitzeugenaussage von Pfarrer Tobias Brantl, Kempten

4 Mail von Bischof Dr. Stefan Oster SDB, Passau, vom 10.08.2020 an den Autor

Bildnachweis

Abb. 1 https://en.wikipedia.org/wiki/Portland_Hospital#/media/File: The_Portland_Hospital_from_Great_Portland_Street_in_London,_June_2013_(2).jpg, abgegriffen am 08.08.2020

Abb. 2 Kirchengemeinde „Our Lady of Dolours“, London

Abb. 3 Kirchengemeinde „Our Lady of Dolours“, London

Abb. 4 Familienfoto Acutis

Abb. 5 Kirchengemeinde „Our Lady of Dolours“, London

Abb. 6 Familienfoto Acutis

Abb. 7 https://commons.wikimedia.org/wiki/File:Santa_Maria_Segreta_(Milano)_1918_Arch._Brusconi.jpg

Abb. 8 https://it.wikipedia.org/wiki/Palazzo_dell%27Istituto_Marcelline_Tommaseo

Abb. 9 Istituto Leone XIII, Mailand

Abb. 10 David Roberts artist QS:P170,Q369776 (https://commons.wikimedia.org/wiki/File:David_Roberts-IsraelitesLeavingEgypt_1828.jpg), „David Roberts-IsraelitesLeavingEgypt 1828“, als gemeinfrei gekennzeichnet, Details auf Wikimedia Commons: https://commons.wikimedia.org/wiki/Template:PD-old

Abb. 11 Marco Plassio, Wikimedia Commons (https://commons.wikimedia.org/wiki/File:Jerusalem_-_LastSupperRoom.jpg), „Jerusalem - LastSupperRoom“, https://creativecommons.org/licenses/by-sa/3.0/legalcode

Abb. 12 https://de.wikipedia.org/wiki/Datei:%C3%9Altima_Cena_-_Juan_de_Juanes.jpg

Abb. 13 Thomas Alber, Friedrichshafen

Abb. 14 ders.

Abb. 15 https://en.wikipedia.org/wiki/Cyril_of_Jerusalem#/media/File:Saint_Cyril_of_Jerusalem.jpg

Abb. 16 Thomas Alber, Friedrichshafen

Abb. 17 DIORAMA Bethlehem AG, Einsiedeln (CH)

Abb. 18 https://upload.wikimedia.org/wikipedia/it/a/a6/Macchi_montini.jpg

Abb. 19 Familienfoto Acutis

Abb. 20 ders.

Abb. 21 Thomas Alber, Friedrichshafen

Abb. 22 ders.

Abb. 23 ders.

Abb. 24 Familienfoto Acutis

Abb. 25 Thomas Alber, Friedrichshafen

Abb. 26 Familienfoto Acutis

Abb. 27 Thomas Freidel

Abb. 28 MSGT Rose Reynolds (https://commons.wikimedia.org/wiki/File:Bodies_of_Rwandan_refugees_DF-ST-02-03035.jpg), „Bodies of Rwandan refugees DF-ST-02-03035“,als gemeinfrei gekennzeichnet, Details auf Wikimedia Commons: https://commons.wikimedia.org/wiki/Template:PD-US

Abb. 29 Aufführung „Franz von Assisi“ der Volksschauspiele Ötigheim 2008; Franziskusdarsteller: Ronald Spiess

Abb. 30 ders.

Abb. 31 ders.

Abb. 32 Privatfoto

Abb. 33 Thomas Alber, Friedrichshafen

Abb. 34 ders.

Abb. 35 Istituto Leone XIII, Mailand

Abb. 36 Familienfoto Acutis

Abb. 37 ders.

Abb. 38 ders.

Abb. 39 ders.

Abb. 40 Monastero Santa Croce delle Clarisse Cappuccine Tedesche, Assisi

Abb. 41 Adele Pizzichini, Assisi

Abb. 42 Familienfoto Acutis

Abb. 43 Wolfgang Schuster, Bad Waldsee

Abb. 44 ders.

Abb. 45 ders.

Abb. 46 Luis Alberto Sánchez Serrano, Kolumbien

Abb. 47 ders.

Abb. 48 ders.

Abb. 49 ders.

Abb. 50 ders.

Abb. 51 ders.

Abb. 52 ders.

Abb. 53 ders.

Abb. 54 ders.

Abb. 55 ders.

Abb. 56 Thomas Alber, Friedrichshafen

Abb. 57 Philipp Isenegger, Zürich

Abb. 58 Thomas Alber, Friedrichshafen

Abb. 59 ders.

Abb. 60 Albertomos (https://commons.wikimedia.org/wiki/File:-Monza-Ospedale-San-Gerardo-nuovo.jpg), https://creativecommons.org/licenses/by-sa/4.0/legalcode

Abb. 61 Thomas Skrianz

Abb. 62 Michael Josuran

Abb. 63 Philipp Armbruster

Abb. 64 ders.

Abb. 65 ders.

Abb. 66 ders.

Abb. 67 ders.

Abb. 68 Eraldo Marini, Assisi

Abb. 69 Tobias Brantl

Abb. 70 Philipp Armbruster

Abb. 71 ders.

Abb. 72 Tobias Brantl

Abb. 73 Andreas Hasken

Abb. 74 ders.

Abb. 75 ders.

Abb. 76 ders.

Abb. 78 ders.

Abb. 79 ders.

Abb. 80 ders.

Abb. 81 Privatfoto

Abb. 82 ders.

Abb. 83 EWTN

Abb. 84 Sacro Convento, Assisi

Abb. 85 Andreas Hasken

Abb. 86 Vatikanstadt

Abb. 87 dpa Picture-Alliance GmbH

Abb. 88 Sacro Convento, Assisi

Abb. 89 ders.

Abb. 90 ders.

Abb. 91 ders.

Abb. 92 Regina Maria Stellner

Abb. 93 Privatfoto

Abb. 94 Juan Manuel Cotelo

Abb. 95 Bischöfl. Ordinariat Passau

Thomas Alber

Die drei Leben des Slavko Barbaric

Botschafter für Medjugorje

Pater Slavko Barbaric hat die Geschichte Medjugorjes durch sein unermüdliches Wirken dort entscheidend mitgeprägt. Bis zu seinem plötzlichen Tod im Jahre 2000 stand er ganz im Dienste der Gottesmutter und der Pilger. Freunde Pater Slavkos finden in dieser neuen Biografie nicht nur die Stationen seines Lebensweges, sie begegnen auch Zeitzeugen, die ihn persönlich kannten.

Das reichlich bebilderte Buch beinhaltet außerdem bisher unveröffentlichte Dokumente aus seinem Leben. Pater Slavko war ein authentischer Zeuge Christi und ein großer Menschenfreund. Viele setzen sich deshalb für ein baldiges Seligsprechungsverfahren ein.

256 Seiten, gebunden mit Hardcover
mit 172 Farbbildern und Fotos 19,80 € Best.-Nr. 00105

Einsenden an:

Fe-Medienverlag, Hauptstr. 22, D-88353 Kisslegg.
Telefon 07563-6089980 oder Fax 07563-6089989
www.fe-medien.de